能源与电力分析年度报告系列

2013 中国电力供需分析报告

国网能源研究院 编著

中国电力出版社
CHINA ELECTRIC POWER PRESS

内 容 提 要

《中国电力供需分析报告》是能源与电力分析年度报告系列之一，主要对每年中国经济发展、全国及各地区电力需求、电力供应、电力供需形势进行跟踪分析和预测，为分析研究中国电力与经济增长之间的关系、准确把握未来电力供需形势、合理制定相关政策和措施提供决策参考和依据。

本报告对 2012 年国际国内经济运行、全国及各地区电力消费、电力供应、电力供需形势进行了全面分析和总结；在深入分析主要影响因素的基础上，对 2013 年全国及各地区经济、电力需求、电力供应、电力供需形势进行了分析预测，并对华东和东北地区的电力供需进行了专题分析研究。

本报告适合电力市场分析人员、能源分析人员、经济分析人员、国家相关政策制定者及科研工作者参考使用。

图书在版编目（CIP）数据

中国电力供需分析报告．2013/国网能源研究院编著．—北京：中国电力出版社，2013.8

（能源与电力分析年度报告系列）

ISBN 978-7-5123-4831-8

Ⅰ.①中… Ⅱ.①国… Ⅲ.①供电—市场需求—分析研究报告—中国—2013 Ⅳ.①F426.61

中国版本图书馆 CIP 数据核字（2013）第 190958 号

中国电力出版社出版、发行

（北京市东城区北京站西街 19 号 100005 http：//www.cepp.sgcc.com.cn）

北京市同江印刷厂印刷

各地新华书店经售

*

2013 年 8 月第一版 2013 年 8 月北京第一次印刷

700 毫米×1000 毫米 16 开本 10 印张 117 千字

印数 0001—2000 册 定价 **50.00** 元

能源与电力分析年度报告
编　委　会

《中国电力供需分析报告》
编　写　组

组　长　单葆国

副组长　韩新阳　谭显东

成　员　顾宇桂　温　权　郭利杰　朱发根　王永培　吴姗姗
罗　智　邢　璐

前　言

国网能源研究院多年来紧密跟踪全国及各地区宏观经济发展、重点行业发展、能源及电力供需形势，开展宏观经济、能源及电力供需分析、预测、预警等，形成年度系列分析报告，为政府部门、电力企业和社会各界提供了有价值的决策参考和信息。

2012年，受全球经济复苏缓慢、国内需求减弱、各项成本上升等因素的影响，企业盈利水平下滑、产能过剩等问题突出，中国经济和电力消费增长明显放缓，增速均创20世纪末亚洲金融危机以来的新低。在稳中求进的工作总基调下，中央及时加强和改善宏观调控，把稳增长放在重要位置，经济与电力消费增长在第四季度呈现企稳回升态势。由于电力消费增长缓慢，加之夏季大部分地区未出现长时间高温高湿天气，水电出力高速增长，电煤供应充足，全国电力供需总体平衡，部分地区电力供应较为宽松。

2013年是全面贯彻落实“十八大”精神的开局之年，是落实“十二五”规划目标的关键之年。在外部环境有所改善但经济增长依然乏力的情况下，政府主动降低经济增速目标，更加注重经济发展的质量和效益。宏观经济政策仍将坚持积极财政政策和稳健货币政策的总基调，预计中国经济与电力需求将保持平稳增长，增速较上年有所回升。全国电力供需总体平衡，华东和华北电网局部地区在用电高峰时段可能会出现电力供需偏紧，东北、西北地区电力供应富余程度将加剧。

本报告在对2012年国际国内经济运行、全国及各地区电力消费、电力供应、电力供需形势进行全面分析和总结的基础上，对2013年全国及各地区经济、电力需求、电力供应、电力供需形势进行了分析预测。同时，由于近年来东北地区电力供应富余程度逐渐增大，而华东地区部分省份在用电高峰时段电力供需矛盾一直存在，故本报告对2012、2013年华东和东北地区的电力供需进行了专题分析研究。

本报告按照经济环境、电力需求、电力供应、电力供需形势及专题研究分为5篇，共计12章。第1篇是对2012年国际国内经济运行的回顾及2013年国际国内经济运行的判断与预测；第2篇是对2012年我国电力消费实绩的分析和2013年电力需求的预测；第3篇是对2012年我国电力供应现状的分析和2013年电力供应能力的预测；第4篇是对2012年我国电力供需形势的分析和2013年电力供需形势的判断和预测；第5篇是对2012、2013年华东和东北地区电力供需进行的专题分析。

本报告概述由单葆国、谭显东主笔，经济环境篇由王永培、吴姗姗、顾宇桂、罗智、郭利杰、邢璐主笔，电力需求篇由谭显东、温权、郭利杰主笔，电力供应篇由谭显东、郭利杰、朱发根、邢璐主笔，电力供需形势篇由温权、谭显东、单葆国、韩新阳、顾宇桂主笔，专题研究篇由谭显东、郭利杰、温权、韩新阳主笔，全书由谭显东统稿，韩新阳校核。

在本报告的编写过程中，得到了国家电网公司发展策划部、营销部、交易中心、国调中心及冉莹、王信茂等专家的大力支持，在此表示衷心感谢！

限于作者水平，虽然对书稿进行了反复研究推敲，但难免仍会存在疏漏与不足之处，恳请读者谅解并批评指正！

编 著 者

2013 年 6 月

目 录

第2篇　电力需求篇

第 3 篇 电力供应篇

第 4 篇　电力供需形势篇

第 5 篇　专题研究篇

概　　述

（一）2012年中国经济和电力供需情况

（1）经济增长明显放缓，外贸对经济增长的贡献持续减弱。

2012年，受全球经济复苏缓慢、国内需求减弱、各项成本上升等因素影响，企业盈利水平下滑、产能过剩等问题突出，中国经济增长明显放缓，全年国内生产总值为51.9万亿元，比上年增长7.8%，增速同比回落1.4个百分点，创1999年以来的最低值。分季度看，1—4季度增速分别为8.1%、7.6%、7.7%和7.9%。在经济增长的“三大需求”中，最终消费支出、资本形成总额、货物和服务净出口对经济增长的贡献率分别为51.8%、50.4%和-2.2%，出口对经济增长的贡献持续减弱。

（2）电力消费增长大幅减缓，第二产业用电增速降幅更大。

2012年，受经济增长乏力及凉夏等因素影响，全国电力消费增速大幅下滑，全社会用电量为49 591亿kW·h，比上年增长5.5%，增速同比下降约6.5个百分点。其中，第二产业用电增长3.9%，增速同比下降8.3个百分点；第三产业用电和居民生活用电继续保持较快增长，增速分别为11.5%和10.7%。四大高耗能行业中，建材、黑色金属冶炼业受房地产调控等政策影响较大，用电量分别增长0.2%和下降4.2%，增速同比均大幅下降约17个百分点；化工、有色金属冶炼业用电分别增长8.1%和7.7%，增速相对较高，并且降幅较小。各区域中，西北地区用电增长依然最快，增速达到11.6%。

(3) 全国新增装机容量有所减少，装机结构进一步优化。

2012年，全国新增发电装机容量8020万kW，比上年减少1020万kW，其中水电、火电、风电和太阳能发电新增装机比重分别为19.3%、63.1%、16.0%和1.5%，火电、风电和太阳能发电新增容量均比上年有所下降，水电新增装机容量明显增加。新增装机主要分布在华中、南方和华北地区；其中水电主要分布在华中和南方地区，火电主要分布在南方和华东地区，风电则主要分布在华北、西北地区，太阳能发电主要集中在西北地区。截至2012年底，全国装机容量达到11.45亿kW，比上年增长7.8%，增速同比回落1.4个百分点，其中水电、火电、核电和风电机组分别占21.7%、71.5%、1.1%和5.3%，火电装机比重下降0.8个百分点。

(4) 水电发电量高速增长，水电设备利用小时数大幅上升，火电设备利用小时数明显下降。

2012年，全国全口径发电量49774亿kW·h，比上年增长5.2%。其中，水电发电量增长29.3%，占全部发电量的17.4%，比重提高3.2个百分点；火电发电量增长0.3%，占全国发电量的78.6%，比重降低3.9个百分点；核电、并网风电发电量分别增长12.6%和35.5%，占全国发电量的比重分别提高0.1、0.5个百分点。全年6000kW及以上电厂发电设备平均利用小时数为4572h，比上年降低158h。其中，水电设备平均利用小时数3555h，比上年增加536h；火电4965h，比上年降低340h；核电7838h，比上年增加79h；风电1893h，比上年增加18h。

(5) 全国电力供需总体平衡，局部地区在部分时段电力供需偏紧，东北、西北地区电力供应富余。

2012年，由于用电需求增速大幅下滑，大部分地区未出现长时间高温高湿天气，同时水电出力高速增长，电煤供应状况明显好于上年，全国电力供需总体平衡，其中华北、华东、华中地区电力供需平衡，西北、东北地区电力供应富余较多，仅南方地区在上半年受干旱影响电力供需偏紧。迎峰度夏期间，受宏观经济增速放缓及全国大范围降雨增多的影响，电力需求增速回落，绝大部分地区未出现电力缺口，电力供需总体平衡；迎峰度冬期间，虽然气温偏低，采暖负荷增长迅速，但受制于经济增长缓慢、市场需求疲弱因素的影响，用电需求整体处于较低水平，只有京津唐电网在部分时段电力供应偏紧，但通过加大跨区输电支援，缓解了电力供需矛盾。

（二）2013 年中国经济和电力供需预测

（1）国内经济增长有望企稳回升，但仍面临一定的下行风险。

2013 年是全面贯彻落实“十八大”精神的开局之年，是落实“十二五”规划目标的关键之年，以质量和效益为中心成为中央政府主导的增长模式，宏观经济政策仍将坚持积极财政政策和稳健货币政策的总基调，并根据经济走势和发展需要进行适度微调。内需方面，随着收入分配改革、新型城镇化建设等措施的不断推进，消费和投资将保持较快增长；外需方面，受主要经济体复苏缓慢影响，出口可能持续低位运行。综合判断，预计 2013 年全国经济增速为 7.5%～8.4%，中方案增速为 8.0%。各地区经济增长依然面临较大压力，东部地区经济增速低于中部和西部地区，经济增速仍呈现东、中、西梯度推进的态势。

（2）电力需求增速有望上升，但增长仍然较为缓慢。

2013 年，在经济企稳回升的带动下，电力需求增速也有望实现回升。综合多种方法，预计 2013 年全国全社会用电量将达到 5.23 万亿～5.33 万亿 kW・h，比上年增长 5.5%～7.5%，中方案全年用电量达到 5.28 万亿 kW・h，增长 6.5%左右，增速比 2012 年提高约 1 个百分点。其中，第二产业用电增长依然缓慢；第三产业用电保持较快增长；居民生活用电主要受阶梯电价影响，增速有所放缓。分区域来看，中方案华北（含蒙西）、华东、华中、东北、西北和南方地区全社会用电增速分别为6.4%、5.7%、5.3%、5.1%、13.7%和5.9%。

(3) 新增装机规模超过上年，火电新增装机继续减少。

2013年，预计全国新增发电装机容量9400万kW左右，比上年增加约1400万kW。其中，新增水电、火电、核电和风电机组分别为2637万、4271万、309万、1643万kW，分别占全部新增容量的27.9%、45.3%、3.3%和17.4%，火电新增容量比上年减少约1100万kW。预计2013年底全国装机容量约为12.4亿kW，比上年增长7.9%。其中，水电2.8亿kW，占全国总装机的22.3%，比重提高0.5个百分点；火电8.6亿kW，占69.5%，比重下降2.1个百分点；核电1566万kW，占1.3%，比重上升0.2个百分点；风电7721万kW，占6.2%，比重提高0.9个百分点；其他类型机组843万kW，占0.7%。

(4) 全国电力供需总体平衡，局部地区在部分时段可能出现电力供需偏紧，东北、西北地区电力供应富余程度加剧。

2013年，虽然电力需求增速有所回升，但由于需求增长仍较缓慢，加之装机增长较快，水电出力和电煤供应状况较好，全国电力供需总体平衡，预计全国发电设备利用小时数将达到4497h，比上年下降75h；其中火电设备利用小时数将达到4936h，比上年下降29h。分区域看，华北地区电力供需偏紧，华东、华中、南方地区电力供需平衡，东北、西北地区电力供应富余1700万kW和1400万kW。其中，京津唐电网夏季和冬季高峰可能出现300万kW的电力缺口；河北南网冬季高峰期电力供需平衡偏紧，备用不足；江苏电网夏季高峰期电力供需呈弱平衡；浙江电网夏季高峰期电力缺口达到100万

kW，冬季达到 400 万 kW 左右，如遇持续极端天气、发电用天然气供应不稳定等，缺口有可能进一步扩大；重庆电网夏季高峰期电力缺口 100 万 kW，冬季高峰期缺口约 50 万 kW；广东电网冬季高峰期电力缺口 100 万～200 万 kW。

第 1 篇
经济环境篇

1

2012 年国际经济回顾

本 章 要 点

世界经济增长持续放缓，并且在欧、美、日等发达国家增速低迷的同时，新兴经济体的增速也呈现下降态势。2012 年，世界经济增速明显下降，主要是受欧债危机蔓延、美国“财政悬崖”和日本经济持续疲软及新兴经济体结构调整、投资趋缓等多重因素的影响。

美国在私人消费和投资增加、房地产市场回暖及“财政悬崖”被有效避免的刺激下经济实现温和增长。2012 年，美国 GDP 增速为 2.2%，失业率仍在 7.8%的高位，经济的结构性矛盾使潜在经济风险短期内难以消除，四个季度增速分别为 2.0%、1.3%、3.1%和 0.4%，各季经济增速波动较大。

日本经济总体呈现福岛核危机后的恢复性增长，但人口老龄化、出口竞争力下降等问题突出。2012 年，日本量化宽松政策起到提振经济的作用，全年经济增速为 2.0%，四个季度增速分别为 3.4%、3.8%、0.4%和 0.3%。

新兴经济体的经济增速明显放缓，受欧债危机影响外部需求减弱及国内结构调整和投资率下降等因素影响，经济增速均低于潜在水平。2012 年，中国、印度、巴西、俄罗斯、南非 GDP 增速分别为 7.8%、5.0%、0.9%、3.4%和 2.5%，增速均较上年有不同程度的下降。

世界贸易呈现增速下滑、贸易保护主义抬头和贸易摩擦加剧的基本态势。2012 年，世界贸易总额同比增长 2.7%，增速同比大幅下降 3.5 个百分点。发达经济体和新兴经济体的进出口贸易额纷纷下降。

1.1　总体情况

2012 年，世界经济总体呈增速放缓的态势。根据世界银行最新发布数据，按汇率法计算，2012 年世界 GDP 增速为 2.3%，比上年下降 0.5 个百分点；按购买力平价（PPP）计算，2012 年世界 GDP 增速为 2.9%，比上年下降 0.9 个百分点。发达经济体与新兴经济体经济增速均下行，其中发达经济体全年增速为 1.3%，增速较上年下降 0.4 个百分点；新兴市场与发展中国家全年增速为 5.1%，增速较上年下降 1.0 个百分点。受主权债务和财政收缩政策影响，欧洲经济形势严峻；美国高失业率和“财政悬崖”限制了经济复苏的步伐；日本受内外市场疲软的冲击，出口大幅下滑。在主要发达国家经济低迷的国际环境下，包括中国、印度、巴西在内的主要新兴经济体均经受了外需不足的冲击，外贸增长乏力。世界贸易呈现增速下滑、贸易保护主义抬头和贸易摩擦加剧的基本态势。2012 年世界贸易总额同比增长 2.7%，增速较上年下降 3.5 个百分点，并且发达经济体和新兴经济体的进出口贸易额纷纷下降。为推动经济增长，各国均加大了宽松货币政策力度，试图通过货币和财税政策刺激经济增长。2001—2012 年世界 GDP 增速如图 1-1 所示。

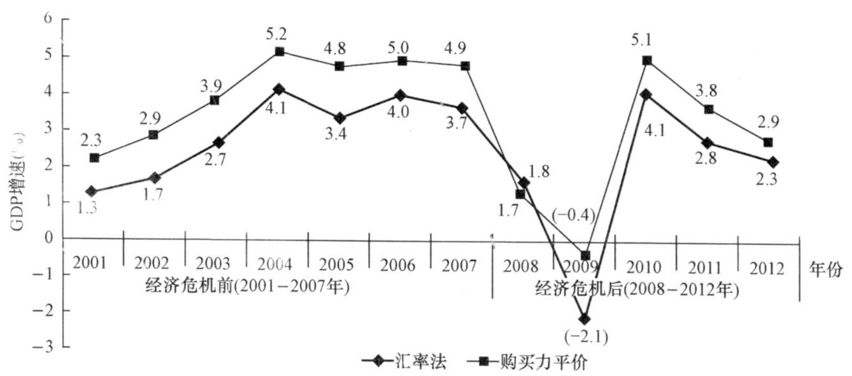

图 1-1　2001—2012 年世界 GDP 增速

1.2 主要经济体

(1) 美国失业率高企，“财政悬崖”有效避免和量化宽松政策刺激经济恢复温和增长。2012年，美国经济实现温和增长，增速达到2.2%，较上年提高0.4个百分点，困扰美国经济的主要因素是“财政悬崖”和高失业率。2012年美国失业率达到7.8%，仍维持在高位运行；“财政悬崖”导致政府支出收减，引起对外需求不振。为制止经济增长的下行风险，2012年美联储不断强化量化宽松政策，12月推出第四轮量化宽松QE4。量化宽松政策在一定程度上减轻了企业和私人的信贷成本，有利于刺激房地产和金融市场，短期内能够刺激美国经济增长，但也存在推高CPI和PPI、引发通货膨胀的风险。2012年底，美国两党在放宽政府债务上限政策上达成一致，暂时规避了“财政悬崖”的风险，为拉动全年经济温和增长做出了较大贡献，但政府为避免“财政悬崖”启动的自动减支计划对经济增长则有一定的负面影响。

(2) 欧元区仍然深陷主权债务危机，主要大国拉动欧元区增长的动力减弱，欧元区一体化进程受到巨大挑战。深受债务危机的持续影响，2012年前三季度欧元区经济增速分别为0.0%、-0.2%和-0.1%，主要欧洲国家经济增长均出现衰退或严重下滑，其中二季度主要成员国中仅德国GDP环比实现正增长，增速为0.3%；法国GDP环比零增长；英国、意大利、西班牙等主要欧元区国家GDP环比普遍下滑，跌幅分别为0.7%、0.7%和0.4%。进入四季度，随着欧洲中央银行公布购买受困成员国债券计划，同时欧元区财政一体化政策提上日程，缓解了欧元区经济二次衰退的困境，刺激欧洲经济出现复苏的迹象。然而，2012年欧元区失业率维持在10.5%左右的高位，结构失衡长期困扰欧洲经济。为此，欧元区主要国家加强了危机

2

2013 年国际经济预测

本 章 要 点

世界经济总体呈温和复苏态势，但仍然面临较大风险。2013 年，欧元区重债国频现、美国自动减支和债务风险依然存在、日本试图通过超宽松政策转嫁危机等新的不确定因素层出不穷，构成世界经济增长的主要风险。

世界经济开局偏弱，复苏动力不足，经济形势的好转有待注入新的增长动力。2013 年，美国量化宽松 QE 政策和财政紧缩计划、欧洲央行的直接货币交易（OMT）、日本央行的资产购买计划等扩大流动性和减税政策在一定程度上缓解了国内的经济问题，但也可能引起流动性泛滥，造成短期资本扰动。同时，发达国家贸易保护主义抬头趋势明显，主要贸易国之间的摩擦加剧，严重阻碍贸易自由化和国际贸易健康发展。

主要发达经济体经济增长出现分化。2013 年，由于支出削减、高失业率、消费者和企业信心不足等因素，发达经济体经济增速不高，但相对而言，欧洲的经济状况更不乐观；美国总体处于温和增长通道，自动减支机制并未构成国内经济的严重冲击，制造业呈现恢复性增长，失业率下降；日本的超级宽松货币政策起到了刺激经济增长的作用。

新兴经济体有望实现企稳回升，但外需环境依然难以根本好转，内部结构调整压力巨大。2013 年，在积极应对外需不足、持续推进国内结构调整、协调投资率和消费率平衡关系的基础上，新兴经济体的增长速度有望呈现一定程度的恢复，经济增速总体略快于 2012 年。

2.1 总体形势

2013年阻碍世界经济增长的消极因素有所减弱，世界经济总体呈温和复苏态势，增速与2012年基本持平，复苏动力有待进一步巩固。由于受到支出削减、高失业率、消费者和企业信心低迷等主要因素的影响，发达经济体经济增速将降至较为疲弱的水平，并且贸易和投资保护主义升温，世界贸易和投资仍将低速增长，加大了世界经济恢复增长的难度。2013年各国将继续在国际市场上展开激烈争夺，贸易战和汇率战将越演越烈。根据WTO预测，2013年世界贸易增速将为4.5%，仍低于过去20年5.4%的平均增长水平。由于世界经济将以中等速度增长，原材料生产供过于求，2013年全球市场大宗商品价格将呈现走低趋势。此外，全球失业人口继续增加，主要经济体失业率居高不下，欧元区青年人失业问题尤为严重。自金融危机爆发前的2007年以来，全球失业人口已经增加2800万人，同期内还有3900万人退出就业市场，金融危机导致全球范围内6700万人失业。国际劳工组织（ILO）年度报告显示，2013年全球失业人口将增加510万人。在国际经济步入中速增长通道的背景下，发达经济体出现债务问题反复的现象。为了扭转经济发展困境，以20国集团（G20）为代表的全球主要发达国家和发展中国家将针对共同的风险和本国经济的特殊情况实施积极的治理措施，有望缓解世界经济的低迷态势，但短期内仍难形成国际分工与合作的长效机制，推动国际经济合理、健康、有序增长。

2.2 主要经济体

（一）发达国家

发达国家经济发展出现分化，欧元区仍深陷债务危机处于衰退边

缘，美国和日本经济温和复苏，但增速仍然低于上年水平。2013年美国的金融市场环境进一步改善，住房市场好转将刺激国内消费增长，政府的自动减支构成新的经济不稳定因素，但有望被提高债务上限和财政整顿计划等措施有效抵消；欧元区的债务危机仍将持续，个别国家债务恶化引起新一轮衰退的可能性仍然存在，特别是希腊、西班牙、意大利和塞浦路斯等欧洲南部国家经济面临垂危的风险，青年人失业率达到15%以上，或将引发政治和社会问题，引发欧元区经济走向恶化，同时高企的失业率显示欧元区的经济增长模式问题严重，社会再生产将长期遭受结构性障碍，年内经济复苏的趋势甚微；日本新政府上台之后设定2%的通胀目标，实施了一系列以财政投入、货币量化宽松和结构性改革为主要措施的经济刺激计划，通过总额高达92.6万亿日元的政府财政预算方案，多项刺激措施有利于推动日本经济实现恢复性增长。

（二）新兴经济体

各项治理措施在一定程度上防止新兴经济体的经济增速下行，印度、巴西、中国等新兴大国有望实现经济回稳，但外需依然难以根本性好转，新兴经济体的结构调整压力巨大。主要新兴经济体纷纷采取降息、放松信贷和减税等逆周期的调节政策以便抵御外部需求不足的冲击，努力推动经济回归较快的增长通道。中国持续的扩大内需和产业结构调整政策将推动经济增长的水平提升和质量、效益增进。2012年底巴西政府宣布增加贷款数额、降低贷款利息、延长优惠贷款期限等一揽子刺激经济措施，2013年该国政府将“支持投资计划”的优惠贷款数额增加480亿美元。印度央行下调基准利率25个基点，刺激经济增长，平衡国际量化宽松政策影响。新兴大国的一致性行动有利于强化国内投资和需求，缓解外需不足的压力，但经济增速与此前比较仍然较低。

2.3 世界经济增长预测

世界银行、联合国、国际货币基金组织（IMF）等主要国际机构针对世界经济的运行特征和主要国家经济走势，纷纷预测了 2013 年全球和主要国家 GDP 增速。综合主要国际机构的经济预测结果，可以反映出当前全球经济发展的基本态势，即**世界经济总体形势略有好转，阻碍世界经济增长的消极因素有所减弱，但经济增长仍较为缓慢，增速与 2012 年基本持平，增长动力有待进一步巩固**。

根据世界银行预测❶，2013 年世界经济呈现动荡减轻、增速与 2012 年基本持平的总体特征。按汇率法计算，2013 年世界 GDP 增速为 2.2%，比 2012 年下降 0.1 个百分点；按购买力平价（PPP）计算，2013 年世界 GDP 增速为 3.1%，比 2012 年提高 0.2 个百分点。其中，发展中国家 2013 年 GDP 增速为 5.1%，比 2012 年提高 0.1 个百分点；高收入国家增速为 1.2%，比 2012 年下降 0.1 个百分点；欧元区 GDP 将减少 0.6%；2013 年发展中国家经济复苏具有稳固的国内基础，主要是在基础设施、卫生、教育投资等方面拥有巨大的发展潜力。世界经济面临的下行风险主要是解决欧元区危机的进展持续拖延、美国债务与财政问题、日本的本币贬值政策、中国投资大幅减速的可能性和全球石油供应问题。

根据联合国预测❷，按汇率法计算，2013 年世界 GDP 增速为 2.4%，比 2012 年上升约 0.2 个百分点。2013 年世界经济增长的潜能仍未能充分发掘。发达国家低迷的客观经济形势正在通过对其出口品需求减弱及资本流动和大宗商品价格的剧烈波动向发展中国家和转

---

❶ 世界银行. 全球经济展望 2013，2013 年 6 月 13 日。

❷ 联合国. 2013 年世界经济展望，2012 年 12 月 18 日。

型经济体持续蔓延和深化。包括中国在内的主要发展中国家也面临着越来越多来自国内的经济波动压力，比如在一些行业中资金约束限制了投资需求，企业融资面临重重困难，而另一些行业则由于过度资金投入存在产能过剩。此外，许多低收入国家的经济之前还能勉强支撑，现在却越来越多地遭受着来自发达国家和主要中等收入国家经济放缓的双重负面溢出效应的冲击。在联合国看来，未来两年的全球经济前景仍然充满挑战，存在较大的不确定性和经济下行风险。

根据 IMF 预测[1]，按购买力平价（PPP）计算，2013 年世界经济增速比 2012 年上升 0.3 个百分点，上升幅度仍较微弱。2013 年欧元区 GDP 将出现 0.2%的萎缩，表明欧元区将连续第二年经济负增长，持续衰退的趋势有所减弱；美国经济增速为 2.0%，仍将保持温速增长的态势，尽管美国的失业率仍然在高位运行。2013 年，抑制全球经济活力的消极因素将有所消退，使得全球经济增长有望提速，但经济回升态势将较为脆弱，容易受到发达国家经济波动的干扰。针对国内经济弊病的政策行动缓解了欧元区和美国的危机风险，但欧元区经济在持续收缩之后仍未能有效复苏，欧元区总体复苏速度远远落后于美国，这充分显示了欧元区结构矛盾的严重性。尽管日本受出口下滑的严重拖累，外向型经济受到沉重打击，“安倍主义”的刺激措施将促进经济增长。新兴市场经济体的政策促进了经济增速的小幅回升，其他发展中国家继续面临外部需求疲软和国内增长瓶颈。如果欧债危机的风险下行、金融状况继续改善，全球增长将强于预期。不过，从目前的形势看，经济下行风险依然相当大，主要是欧元区可能再度遭受挫折，美国过度财政整顿等方面也存在一定的风险。

[1] IMF. 世界经济展望，2013 年 1 月 24 日。

3

2012 年中国经济回顾

本 章 要 点

中国经济增长明显放缓，全年增速为近 13 年的最低值，经济增长在下半年出现企稳态势。2012 年，受全球经济复苏缓慢、国内需求减弱、各项成本上升等因素影响，企业盈利水平下滑、产能过剩等问题突出，经济增长明显放缓，全年国内生产总值 51.9 万亿元，比上年增长 7.8%，增速同比回落 1.4 个百分点，为 1999 年以来的最低值。分季度看，1—4 季度增速分别为 8.1%、7.6%、7.7%和 7.9%，经济增速在下半年呈现企稳态势。

经济结构不断优化，第三产业比重持续上升。2012 年，三次产业增加值占国内生产总值比重分别为 10.1%、45.3%、44.6%，第一产业比重与上年基本持平，第二产业比重下降 1.3 个百分点，第三产业比重上升 1.3 个百分点。

全年物价水平平稳，食品价格主导 CPI 走势。2012 年，全国居民消费价格指数（CPI）比上年上涨 2.6%，全年呈低速增长的态势，造成物价水平波动的主要因素是食品价格，CPI 与食品价格走势基本保持一致；工业生产者出厂价格指数（PPI）比上年下降 1.7%。适中的物价水平为货币政策的微调营造了良好的环境。

进出口增速大幅回落，消费和投资平稳增长，内需成为拉动经济增长的主要动力。2012 年，全国进出口总额增长 6.2%，增速同比回落 16.3 个百分点；社会消费品零售总额比上年名义增长 14.3%；固定资产投资实际增长 19.3%。最终消费支出、资本形成总额、货物和服务净出口对经济增长贡献率分别为 51.8%、50.4%和－2.2%。

3.1　总体情况

2012 年，在国家的调控政策和外部环境的影响下，中国经济增速为近 13 年的最低值。其主要原因在于支持中国经济高增长的积极因素出现了一定程度的逆转，过去高速增长的发展优势经历着深度的调整，主要表现为：一是拉动中国经济高速增长的“三大红利”，即人口红利、市场红利和全球化红利虽然持续存在，但随着劳动力和资源成本的上升，以及全球经济复苏乏力的影响，“三大红利”效应开始减弱；二是“投资＋出口”拉动经济高增长的模式不可持续，经济的发展更多向注重内需方向倾斜，但内需调整效果对经济增长的贡献需要经历市场机制的检验。

全年国内生产总值为 519 322 亿元，比上年增长 7.8％，增速同比回落 1.4 个百分点，为 1999 年以来的最低值。分季度看，1—4 季度增速分别为 8.1％、7.6％、7.7％和 7.9％，增速在下半年呈现回稳态势。2011—2012 年中国各季度经济增长情况如图 3 - 1 所示。

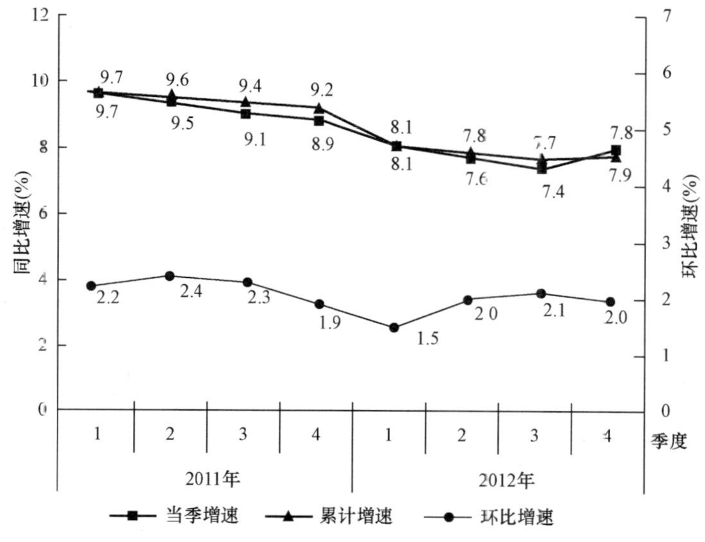

图 3 - 1　2011—2012 年中国各季度经济增长情况

3.2 产业结构

2012年，中国第一、第二、第三产业增加值分别为52 377亿、235 319亿、231 626亿元，比上年分别增长4.5%、8.1%、8.1%。三次产业增加值占国内生产总值比重分别为10.1%、45.3%和44.6%，其中第一产业比重与上年基本持平，第三产业比重上升1.3个百分点，第二产业比重下降1.3个百分点。2011—2012年全国三次产业增速变化如图3-2所示。

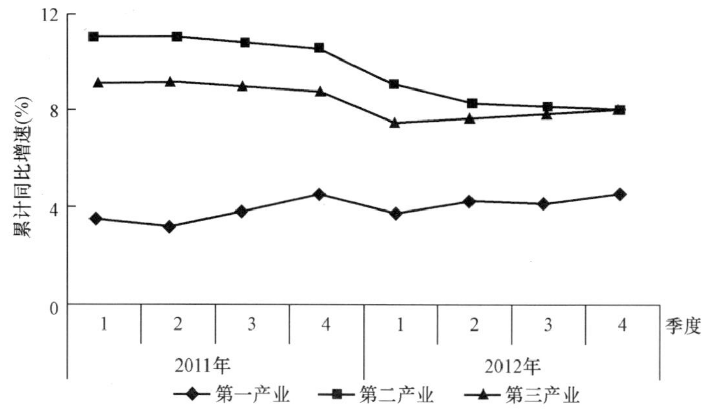

图3-2 2011—2012年全国三次产业增速变化

3.3 工业生产

全年工业生产呈U形走势，年底工业景气回升。2012年，全部工业增加值19.99万亿元，比上年增长7.9%，增速回落2.5个百分点。规模以上工业增加值增长10.0%，其中轻工业增长10.1%，重工业增长9.9%。2012年，受出口放缓、房地产市场调整等因素影响，中国工业生产不断放缓，从年初的11.4%逐渐回落至8月的8.9%，是2009年5月以来的最低增速。从9月开始，随着经济企稳回升，轻重工业增加值增速均有所反弹，特别是重工业的增速再次超过轻工业，带动经济景气的回升，工业生产有所加快。

2012年，全国规模以上工业企业实现利润5.56万亿元，比上年增长5.5%，其中国有及国有控股企业实现利润1.42万亿元，比上年下降5.1%。在41个工业大类行业中，29个行业利润比上年增长，11个行业利润比上年下滑，1个行业（石油加工、炼焦和核燃料加工业）由上年的亏损转为盈利。全国规模以上工业企业实现主营业务收入91.59万亿元，比上年增长11.0%，每百元主营业务收入中的成本为84.77元，主营业收入利润率为6.07%。2011—2012年规模以上工业增加值逐月变化情况如图3-3所示。

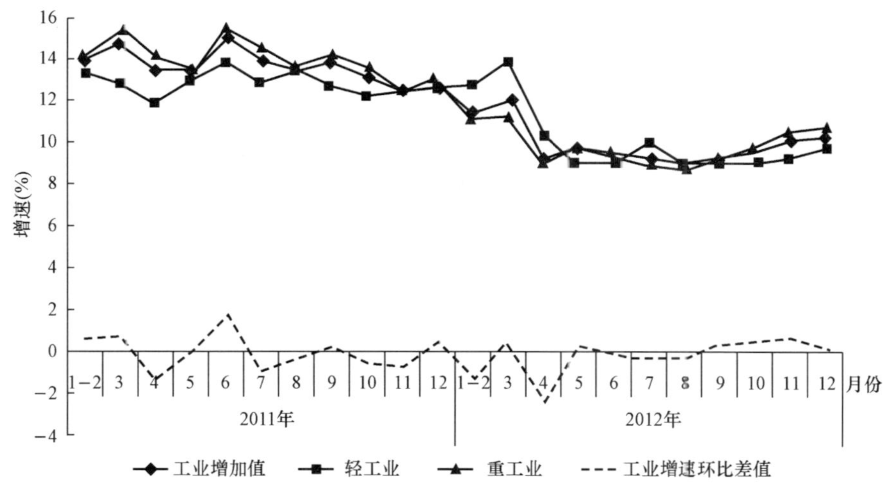

图3-3　2011—2012年规模以上工业增加值逐月变化情况

3.4　物价水平

物价水平总体稳定，PPI全年负增长。2012年全国居民消费价格指数（CPI）比上年上涨2.6%，全年呈低速增长的态势，其中造成物价水平波动的主要因素是食品价格，CPI与食品价格基本保持一致走势。2012年，工业生产者出厂价格指数（PPI）比上年下降1.7%，其中前三季度呈现快速下滑的趋势，充分显示了经济增长不景气的客观事实，并且随着经济总体筑底回升，第四季度PPI降幅有所收窄。2011—2012年居民消费价格指数（CPI）和工业品出厂价格指数（PPI）如图3-4所示。

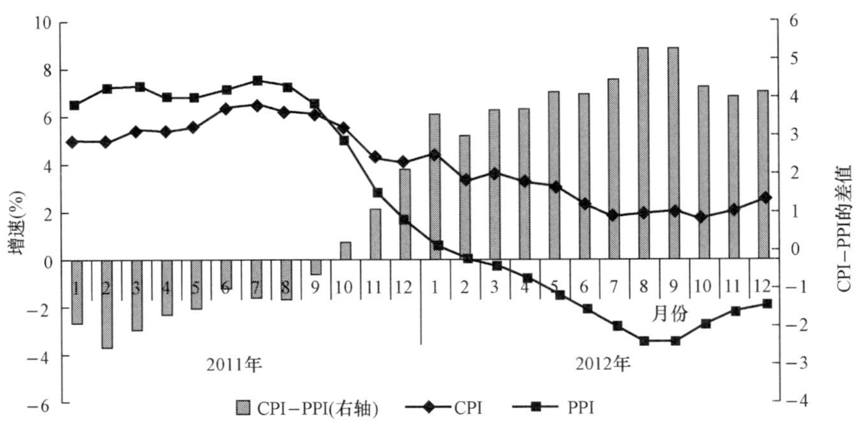

图3-4 2011—2012年居民消费价格指数（CPI）和工业品出厂价格指数（PPI）

3.5 投资

固定资产投资保持平稳增长，增速有所下降。2012年，固定投资（不含农户）364 835亿元，比上年增长20.6%，增速同比回落3.4个百分点。扣除价格因素影响，实际增长19.3%，其中全国民间固定资产投资223 982亿元，比上年名义增长24.8%，实际增长23.4%，占总固定资产投资比重为61.4%。分产业看，第一产业投资9004亿元，比上年增长32.2%；第二产业投资158 672亿元，增长20.2%；第三产业投资197 159亿元，增长20.6%。分地区看，东部地区投资增长17.8%，中部地区投资增长25.8%，西部地区投资增长24.2%。2012年，投资对经济增长的贡献率为50.4%。

房地产投资增幅明显回落。全年全国房地产开发投资71 804亿元，比上年增长16.2%，增速回落11.9个百分点。扣除价格因素影响，实际增长14.9%。其中住宅投资增长11.4%，增速同比回落18.9个百分点。房屋新开工面积177 334万m^2，比上年减少7.3%。全国商品房销售面积111 304万m^2，增长1.8%，增速回落2.6个百分点。房地产的调控政策在短期内效果明显，一方面抑制了房地产投资投机性需求，有效控制房价快速上涨的势头；另一方面也抑制了房地产投资和住房消费，对经济增长的影响十分显著。尤其是与之关联的上下游行业，如钢铁、水泥和建材等行业，投资和消费需求也受到抑制，而前期投资生产形成的产品也严重受到滞压。

从2012年来看，推动固定资产投资保持较快增长的有利因素包括：一是宏观调控政策稳中趋松，财政政策保持积极，货币政策在稳健基础上加大预调微调；二是基础设施投资继续推进，2012年9月，国家发展改革委集中审批了上万亿元的基建投资项目；三是保障房建设继续扩大规模。但是也有不利于投资增长的因素，包括：一是中小企业经营困难，民间借贷成本较高，民间投资快速增长的潜力无法释放；二是出口需求持续不振，外向型企业经营困难，投资意愿受限，企业去产能化风险较大；三是节能减排推行，“三高一低”（高投入、高耗能、高污染，低效益）行业会受到抑制；四是房地产市场调控仍继续，地方政府土地出让收入减少，地方投资冲动受到财力约束；五是部分行业产能过剩问题依然存在。2011－2012年固定资产投资增速变化情况如图3-5所示。

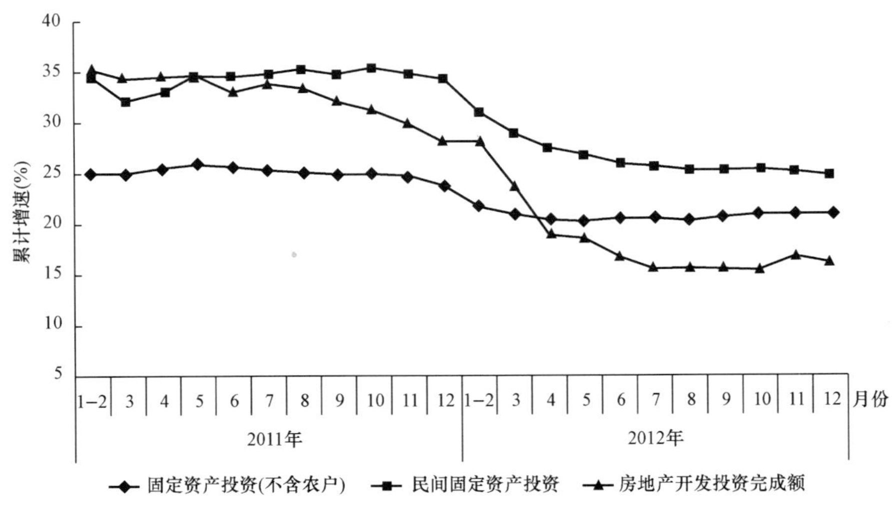

图3-5 2011—2012年固定资产投资增速变化情况

3.6 消费

消费平稳增长，增速有所下降。2012年，全国社会消费品零售总额207 167亿元，比上年名义增长14.3%，增速回落2.8个百分点。扣除价格因素影响，实际增长12.1%。按经营单位所在地分，城镇消费品零售额179 318亿元，增长14.3%；乡村消费品零售额27 849亿元，增长14.5%。其中，汽车类增长7.3%，增速同比回落7.3个百分点；家具类增长27.0%，回落5.8个百分点；家用电器和影像器材类增长7.2%，回落14.4个百分点。2012年，最终消费对经济增长的贡献率为51.8%。

2012年促进消费增长的因素包括：一是“收入倍增计划”的启动和实施，收入有望较快增长；二是社会保障体系逐步完善，在一定程度上减少了抑制消费增长的障碍；三是保障房建设持续推动，拉动建筑建材及家具等商品的消费；四是人们对于文娱文化、生活服务的消费需求增加，消费结构不断升级。制约消费增长的因素包括：一是房地产调控继续，可能抑制有关的居住消费；二是促进汽车、家电等商品消费的政策和实施补贴的力度不足；三是消费者信心指数和预期指数波动较大，仍处低位。2011－2012 年社会消费品零售总额增速变化情况如图 3－6 所示。

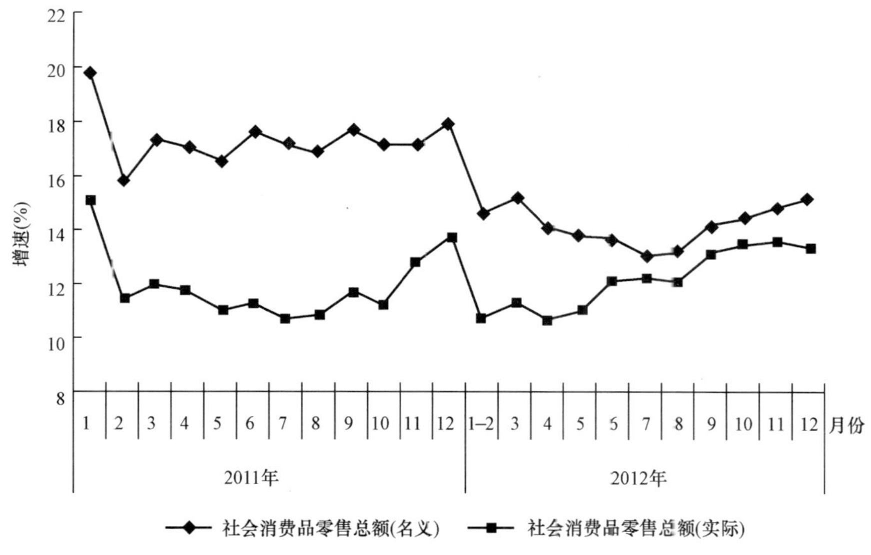

图 3－6　2011—2012 年社会消费品零售总额增速变化情况

3.7　外贸

进出口增速大幅回落。2012 年，全国进出口总额 68 667.6 亿美元，增长 6.2%，增速同比回落 16.3 个百分点；出口 20 489.3 亿美元，增长 7.9%；进口 18 178.3 亿美元，增长 4.3%。贸易顺差 2311 亿美元。进出口总额中，一般贸易进出口 20 098.3 亿美元，增长 4.4%；加工贸易进出口 13 439.5 亿美元，增长 3.0%。出口额中，一般贸易出口 9880.1 亿美元，增长 7.7%；加工贸易出口 8627.8 亿美元，增长 3.3%。进口额中，一般贸易进口 10 218.2 亿美元，增长 1.4%；加工贸易进口 4811.7 亿美元，增长 2.4%。2012 年，净出口对经济增长的贡献率为－2.2%。

分地区看，美国经济保持相对平稳，部分新兴经济体需求依然旺盛，中国与这些国家和地区的贸易保持快速增长。但是，由于欧洲经济陷入低速甚至负增长，中日经贸关系受钓鱼岛冲突的影响，中国对欧盟、日本进出口贸易均出现负增长。由于新兴经济体经济仍旧保持活力，中国与南非、俄罗斯、东盟贸易保持快速增长。

2012 年，抑制出口的因素依然比较多，主要包括：一是美国"财政悬崖"问题和欧债危机给世界经济带来风险，对中国商品和服务的需求出现大幅下滑；二是人民币汇率在波动中升值，不利于外向型企业保持竞争力；三是劳动力成本上升，融资成本上升，不利于外贸企业经营；四是各国的贸易保护主义措施存在增多趋势。2011—2012 年中国进出口当月增长情况如图 3-7 所示。

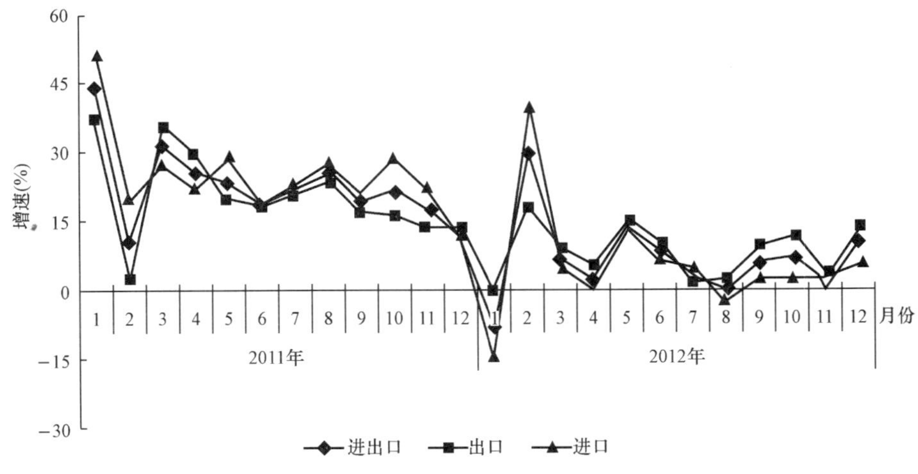

图 3-7 2011—2012 年中国进出口当月增长情况

4

2013 年中国经济预测

本 章 要 点

中国宏观经济政策仍将坚持积极财政政策和稳健货币政策的总基调，并根据经济走势和发展需要进行适度微调。2013 年，在财政政策方面，将适度增加国债规模，并注重中央和地方财政赤字的调整，扩大和深化营改增试点，强化结构性减税；在货币政策方面，利率市场化有望取得重要突破，着力拓宽实体经济融资渠道，加强民营和小微企业的融资支持力度，同时严控影子银行和国外金融市场引发的系统和非系统性风险。

以质量和效益为中心成为中央政府主导的增长模式，打造中国经济升级版的各项工作加快开展。政府主动调低经济增速目标，反映出中央工作重点转向转变发展方式和解决发展瓶颈问题上来，综合有效推进“改革红利、内需潜力、创新活力”的叠加效应，从行政审批权下放、营改增试点、城镇化规划和总体设计等方面着手，深化经济体制机制改革，释放经济增长的微观活力。

收入分配改革等政策将推动消费发挥对经济增长的基础支撑作用。2013 年中国将围绕劳动力基本工资等初次分配与城乡居民社会保障全覆盖等再次分配，深化体制机制改革，推动城乡居民收入和消费良性增长，预计全年社会消费品零售总额同比增长 14.5%，增速同比提高 0.2 个百分点。

全国经济增长有望企稳回升，但仍存在一定的下行风险。预计 2013 年全国经济增速为 7.5%～8.4%，其中中方案增速为 8%，比上年回升 0.2 个百分点；三次产业增速分别为 3.9%、8.0%和 8.4%；投资、消费和进出口增速分别为 19.5%、14.5%和 8.5%；物价涨幅为 3.2%。

4.1 宏观政策

《2013年政府工作报告》确定2013年宏观经济政策以“稳中求进”为主线，将实施以“稳增长、调结构、促改革、惠民生”为落脚点的积极财政政策与以“促进经济增长、稳定物价、防范金融风险协调平衡”为中心的稳健货币政策。在经济走势已经“软着陆”的形势下，稳定物价和调整结构成为宏观调控的首要任务。在保持连续性和稳定性的前提下，国家更强调增加政策的前瞻性、针对性和灵活性。

4.1.1 积极财政政策

中国2013年将继续实施积极财政政策，充分发挥积极财政政策在“稳增长、调结构、促改革、惠民生”中的作用。鉴于国内经济形势的变化，全年财政政策的实施重心与操作路径与去年相比都将有所调整。

一是适当增加财政赤字和国债规模。根据年初财政预算，2013年财政赤字规模为1.2万亿元，比上年增加4000亿元，其中中央财政赤字8500亿元，地方发债3500亿元。考虑结构性减税的滞后效应，2013年财政收入增速较为平缓，但财政刚性支出增加，特别是要增加民生工程和社会保障支出，确保对经济增长和结构调整的支持力度。中国债务负担率相对较低，2013年财政赤字增加后，赤字率在2%左右，处于总体安全的水平。

二是结合税制改革完善结构性减税政策。重点是加快推进营业税改征增值税试点工作，完善试点办法，适时扩大试点地区和行业范围。随着政府主动扩大财政赤字和降低税收的增速目标，2013年结构性减税的力度有望大于上年。

三是着力优化财政支出结构。继续向教育、医药卫生、社会保障等民生领域和薄弱环节倾斜，严格控制行政经费等一般性支出，建立节约型政府。中央预算内投资主要投向保障性安居工程，农业、水利、城市管网等基础设施，社会事业等民生工程及节能减排和生态环境等领域。2013 年全国能源工作会议将发展可再生能源和新能源放在十分突出的位置，可再生能源和新能源仍将加快增长；2 月，国家发展改革委公布《战略性新兴产业重点产品和服务指导目录》，把节能环保等七大产业作为主要发展方向，预计 2013 年对于可再生能源行业的财政支持力度将进一步加大，可再生能源仍处于快速发展的机遇期。

四是继续加强地方政府性债务管理。妥善处理债务偿还和在建项目后续融资问题，积极推进地方政府性债务管理制度建设，合理控制地方政府性债务水平。2012 年暴露出的地方政府融资平台的风险主要发生在经济比较落后的地区。为了有效控制金融风险并加快落后地区的经济发展，中央财政通过转移支付的方式化解地方政府融资风险的概率加大。

4.1.2　稳健货币政策

《2013 年政府工作报告》提出，货币政策重点是发挥逆周期调节作用，加强对“三农”、小微企业、战略性新兴产业等与经济结构调整密切相关的重点领域的金融扶持，同时着力防范系统性金融风险。2013 年，国家会继续实施稳健的货币政策，把握好促进经济增长、稳定物价和防范金融风险之间的平衡。

一是健全宏观审慎政策框架，发挥货币政策逆周期调节作用。广义货币 M2 预期增长目标拟定为 13%左右，与 2012 年和 2011 年实际实现的数字相比更为趋紧，说明货币政策更强调中性取向，调控目标更强调物价的基本稳定。

综合运用多种货币政策工具，调节市场流动性，保持货币信贷合理增长，适当扩大社会融资规模。2013 年利率市场化改革有望获得一定突破，中央政府或将放宽甚至取消存款利率的限制，或者是放宽或者取消贷款利率的下限要求。信贷和社会融资总量将保持适度增长，对符合国家产业政策、惠及民生及促进农业发展等的项目提供积极的信贷支持，比如国家重点在建续建项目、“三农”、小微企业、现代服务业、战略性新兴产业等。人民币汇率方面，自2005年7月汇率改革以来，人民币对美元累计升值幅度已超过30%。经常项目顺差占国内生产总值比率从2007年10%的峰值降至2012年的2.6%以下，是八年来的最低值。在中国加大经济结构调整力度、外部环境持续低迷的情况下，预计未来该比率仍将保持在3%以下的较低水平，人民币汇率低估程度已明显下降。预计2013年人民币汇率将继续保持双向波动、小幅升值的运行态势。随着亚洲区域跨境贸易结算规模扩大、资本输出和对外援助规模的不断增加，人民币国际地位不断提高和国际认可度持续上升，人民币国际化进程进一步加快。此外，2013年，中国还将在完善货币政策传导机制、加强金融监管与货币政策的协调、不断优化监管标准和监管方式等方面加大工作力度。

二是促进金融资源优化配置。引导金融机构加大对经济结构调整，特别是“三农”、小微企业、战略性新兴产业等的金融支持；满足国家重点在建续建项目的资金需求；拓宽实体经济融资渠道，降低实体经济融资成本；促进资本市场稳定健康发展。

三是守住不发生系统性和区域性金融风险底线。引导金融机构稳健经营，加强对局部和区域性风险及金融机构表外业务风险的监管，提高金融支持经济发展的可持续性。

4.1.3 其他相关政策

除积极财政政策和稳健货币政策外，为推进经济结构调整和发展方式转型，2013年国家还将在财政、货币政策之外的其他领域采取一系列政策措施，主要体现在以下几个方面：

以人为核心的新型城镇化将助力经济增长。中央经济工作会议指出，城镇化是中国扩大内需的最大潜力所在。在2013年各地的“两会”上，“推进城镇化建设”被写进多个省市的政府工作报告。在中国农村人口向城镇转移的过程中，释放农村剩余劳动力的同时，也将大量激发消费、投资需求。在中央及地方政府的大力推动下，城镇化将成为拉动中国经济持续发展的重要力量。

工业化和信息化“两化融合”是加快转变经济发展方式的有机组成部分。党的“十八大”报告在论述“四化”同步发展时，首先提出要“推动信息化和工业化深度融合”。虽然“两化融合”早已被提出，但在“十八大”报告中，两化融合与城镇化、农业现代化相互推进，通过以信息化技术改造现有产业，不仅能使生产力得到提升，而且为进一步加快转变经济发展方式提供有力支撑。

收入分配改革或将有所突破。自2004年启动收入分配体制改革总体方案起草工作后，收入分配具体方案仍在各方论证和政策酝酿之中。2013年新一届中央政府成立之后，收入分配制度改革或将取得较大突破，特别是在增加中低收入者的收入、建立健全职工工资正常增长机制、多渠道增加农民收入、健全覆盖城乡居民的社会保障体系等方面，改革红利释放幅度巨大。

节能减排将加速美丽中国建设。2013年节能减排目标在全国工业节能与综合利用工作会议上得到明确：力争实现单位工业增加值能耗、二氧化碳排放量下降5%以上，单位工业增加值用水量下降7%，工业固废综合利用率提高2个百分点。节能减排力度加大，其目的在于从根本上推进生态文明建设，构建资源节约型和环境友好型的消费模式、产业结构和增长方式，实现美丽中国的美好愿景。为此，国家发展改革委明确表示，节能减排是2013年中央预算内投资的主要方向。

房地产调控仍将以稳为主。2012年房地产增速创近几年的新低，调控政策已初见成效。2012年下半年房地产市场有所松动，但中央一再强调加大保障性住房的供应，严控房价大幅上涨。随着城镇化、收入分配等改革方案的推进，2013年房地产价格有望上行。2013年房地产调控政策仍将以稳为主，坚定不移地从土地供给制度、房产税等多方面强化政策供给。

审批权下放有助于理顺政府与市场的关系。2013年5月15日，中国政府发布《国务院关于取消和下放一批行政审批项目等事项的决定》(国发〔2013〕19号)，明确指出取消和下放一批行政审批项目等事项共计117项。通过优化配置行政资源提高政府行政效率，简化审批还原市场竞争环境，激发企业自主性和创造性。6月之后，政府将进一步扩大审批权取消和下放的范围，成为行政体制改革的突破口。

4.2 经济发展趋势

4.2.1 经济总量

中国经济工作更加重视“质量和效益”。《2013年政府工作报告》明确提出经济建设总体要求是“以提高经济增长质量和效益为中心”。政府主动降低经济增速，这显示了中央政府对国际金融危机以来国内外经济形势基本面的客观把握，也反映了中央工作重点转向转变发展方式和解决发展瓶颈问题上来。尽管7.5%的经济增速目标为改革开放以来中国经济增速的低点，但在美国复苏程度不确定、欧元区仍未走出债务困境的国际环境下，中国仍将是全球经济增速最快的国家之一，在国际经济中的地位稳步提升。

中国在国际产业分工中的比较优势将逐渐发生变化。金融危机后，美国逐渐加速的“再工业化”及美国政府对“制造业回归”的强力推动正在改写全球制造业格局。从2009年到2012年，奥巴马政府先后推出了“购买美国货”、《制造业促进法案》、“五年出口倍增计划”、“内保就业促进倡议”等多项政策来帮助美国制造业复兴，并逐渐体现出了政策效果，2011 年美国制造业新增 23.7 万名就业岗位，制造业投资恢复明显，美国重回制造业正在变得越来越有吸引力。最新数据显示，美国制造业劳动力成本正在下降。尽管中国制造业时薪还远远不及美国的水平，但中美之间的成本差距正在逐步缩小。2010 年，美国制造业生产率提升了 6.1 个百分点，单位劳动力成本降低了 4.2 个百分点，从 2002 年至 2010 年，美国制造业单位劳动力成本累计降低了 10.8%。而相比之下，中国的劳动力报酬增速比生产率增速要快得多，从 2005 年至 2010 年，工人的工资水平以每年 19%的速度递增，而同期美国制造业工人的全负荷成本只增加了 4%。这对于一向靠要素价格低廉取胜的中国制造业而言无疑是重大的挑战。

在向“质量和效益为中心”转型的同时，地方政府仍较为重视维持经济增速的较高增速。在各省“两会”工作文件中，有 24 个省份的 GDP 预期增长目标在两位数以上，说明地方政府仍有实现高速 GDP 增长的强烈意愿，转变经济发展方式、以消费拉动经济增长、以经济发展质量至上的压力仍然较大。2012—2013 年各地区 GDP 增速目标统计情况如表 4-1 所示。

表 4-1 2012—2013 年各地区 GDP 增速目标统计情况

GDP 增速	2012 年省份个数	2013 年省份个数	分布地区
增速≥12%	12	11	中西部及东北地区
10%≤增速<12%	11	13	中西部及东北地区
7.5%≤增速<10%	8	7	东部及沿海地区

4.2.2 投资

全社会固定资产投资增长将适度放缓。国家发展改革委在十二届全国人大一次会议上作了《关于2012年国民经济和社会发展计划执行情况与2013年国民经济和社会发展计划草案的报告》(以下简称为《报告》)。《报告》明确了2013年社会固定资产投资预期增速为18%，低于上年20.6%的增速。同时强调将优化投资结构，抓好重点项目。从经济增速预期和投资预期来看，政府有意忍受较低的经济增速，抑制地方政府投资冲动，加快政府“去杠杆”进程，以换取更高的增长质量，从而促进经济增长方式的转变。从2012年末463号文对影子银行的清理，到“国五条”对房地产调控的加码，都是政府这一思路的具体体现。“国五条”的细则在3月底出台，这次调控通过增加交易摩擦来降低房地产的投资属性，调控力度较大。这些动作势必对地方投资和房地产投资产生影响，效果可能在二季度后有所显现，并影响全年的投资增速。

基础设施投资增速有望加快。无论是“十八大”报告、中央经济工作会议还是《2013年政府工作报告》，都充分表明城镇化是未来10年中国经济发展和转型的主要抓手。2013年，随着户籍制度改革迈出实质性的步伐，城镇化将进入基础设施建设阶段，铁路、公路、城市交通等内容将成为投资的热点，各地“两会”上明确的投资规划重点也基本围绕基础设施、产业承接、公共服务展开。随着城镇化的逐步推进，基础设施投资将是2013年中国经济的重点，预计全年增速将达到17%，高于去年13.3%的水平。

4.2.3 消费

发挥消费对经济增长的基础作用。《报告》显示，2013年社会消费品零售总额预期增长14.5%，略高于去年的14.3%。发挥消费对经济增长基础作用的主要措施有：第一，努力提升消费能力。着力增加中低收入者收入，建立健全职工工资正常增长机制，多渠道增加农民收入，健全覆盖城乡居民的社会保障体系。第二，促进居民消费升级。继续推广节能和新能源汽车，出台鼓励节水产品、家庭自给式太阳能产品消费的政策，扶持文化产业发展，发展信息消费，引导旅游消费，鼓励社会资本兴办养老、康复等服务机构，加快培育新的消费增长点。第三，优化消费环境。加强商贸流通、宽带网络等消费基础设施建设，鼓励发展电子商务、网络购物等新型消费业态，研究实施信用消费促进政策，继续开展食品药品安全专项整治，坚决打击侵犯知识产权和制售假冒伪劣商品行为。

2013年中国商业领域发展将呈现十大热点。分别是：中央政府赋予流通业重要战略定位，一系列产业导向及政策措施密集出台；国内市场总体保持旺销态势，消费扩大的基础条件继续改善；网络购物延续火爆走势，经营习惯需要反思和规范；涉及流通业的两项税收改革政策出台，将助推行业发展和民生改善；大型零售企业加快自营模式探索，发展商业自有品牌将成为切入点之一；中小型商贸流通主体发展环境有所改善，政府多样化的扶持措施渐成体系；内外资零售商在华竞争呈现新格局，重视单店绩效的时代到来；农产品流通提效降本多有突破，短链流通模式成效初显；批发市场进入转型期，整合升级呈现一系列特点；商业地产总量过剩与结构失衡并存，物业房租持续猛涨成为商业企业沉重负担。

4.2.4 外贸

外贸形势略好于去年。2013年，随着外部环境的改善，中国外贸进出口增长有望呈现回升态势，低速增长仍是大趋势。2013年中国外部环境将有所改善，但不确定因素还很多：**第一，欧洲走出危机进程具有不确定性**。尽管目前欧元区并未出现“最坏的情况”，欧洲多国也在不同的场合表示，2013年底或2014年初，欧元区就将开始复苏，但其上行的过程还存在反复。同时，据欧盟委员会于2013年2月发布的《冬季经济预测》显示，欧盟经济活力的增强将首先由外需推动，内部投资与消费需求将在后期逐步复苏。预计到2014年，内需将取代外需而成为经济增长的主要动力。这也许意味着中欧之间的贸易摩擦将进一步升级。**第二，美国经济温和复苏态势有待进一步巩固**。近几年受国际金融危机的影响，中国对美国出口占中国出口总额比重逐渐下降，贸易顺差不断扩大。美国“财政悬崖”问题的解决使美国暂时避免了经济衰退，中美双边贸易也随之有了较明显的增长。美国房地产市场的升温和产业回流的现象将有利于美国工业增长，失业率下降，消费和工业品市场需求稳定增长。预计2013年中美贸易将继续呈现稳步增长的态势。尽管美国政府于3月1日启动的“减支”政策在短期内影响了市场信心，部分经济数据有所回调，但实际影响不大。**第三，新兴经济体增速低于潜在增速**。新兴经济体成为世界经济发展的亮点，是中国出口市场的潜力股，近几年占中国出口市场的比重不断上升，占比已经达到1/3。但由于新兴经济体大多以外需拉动自身经济增长，面对复杂严峻的外部环境，预计新兴经济体2013年的经济增速将低于潜在增速，因而中国对新兴市场的贸易也存在不确定性。总体来看，外需不振仍将是困扰2013年中国外贸发展的重要因素，加上劳动力成本增加和人民币持续升值的影响，中国外贸增速将保持8%左右的中速增长。

2013年，政府转变外贸发展方式将按照稳中求进的工作总基调，以“稳增长、调结构、促平衡”为目标，着重从以下三个方面推进外贸工作的开展：**一是加大外贸转方式、调结构工作力度**。推进国际市场布局、国内区域布局、外贸经营主体、商品结构、贸易方式“五个优化”；加快外贸生产基地、贸易平台、国际营销网络“三项建设”。**二是加大培育外贸竞争新优势工作力度**。2013年相关部门将研究出台指定培育外贸竞争新优势行动计划的相关政策，鼓励企业技术创新，支持外贸品牌发展，提升进出口商品质量，完善综合服务体系，提升传统优势，重点培育外贸竞争新优势。**三是加大完善外贸政策、优化发展环境工作力度**。通过深化部门沟通协作，加强对财税、货币、金融、贸易政策的协调，保持外贸政策的稳定性和连续性。积极推进自贸区战略，完善贸易摩擦应对机制。推动清理不合理收费，提高贸易便利化水平。进一步优化政策环境和企业经营环境。

4.2.5 产业结构

第一产业将实现较快发展。2012年，中国第一产业增加值为52 377亿元，比上年增长4.5%。粮食产量实现“九连增”，农业综合生产能力迈上新台阶。农民增收实现“九连快”，农村贫困人口生存和温饱问题基本解决。《中共中央国务院关于加快发展现代农业进一步增强农村发展活力的若干意见》(以下简称《一号文件》）将2013年农业农村的工作目标定为“保供增收惠民生、改革创新添活力”。综观《一号文件》的要求，涵盖农产品供给保障机制、农业支持保护制度、农业生产经营体制、农业社会化服务新机制、农村集体产权制度、农村公共服务等方面。**预计2013年第一产业发展的亮点有三：一是“大农户”的初步形成**。《一号文件》明确鼓励和支持承包土地向专业大户、家庭农场、农民合作社流转。“家庭农场”的首次出现、对专业大户和龙头企业的政策扶持都说明“大农户”是中国农业发展大势所趋，农业部门下一步要加大土地流转的力度，大力扶持一些种粮大户。**二是工商资本在第一产业崭露头角**。《一号文件》提出要探索建立严格的工商企业租赁农户承包耕地准入和监管制度。农业现代化缺资金、缺技术、缺人才，工商企业的进入绝对带来了资金、带来了技术、带来了人才，但是工商企业挤占了农民的利益，挤占了农民的就业空间，然后带来了非粮化、非农化。**三是农村土地确权登记保**

障土地流转和经营权。《一号文件》指出要全面开展农村土地确权登记颁证工作。目前，土地承包的面积与登记证上的面积差距比较大，在30%左右。伴随确权登记的完成，中国农村政策的下一步走向也埋下伏笔，为将来的土地流转和农户土地承包经营权的保护，以及新型主体的培育创造条件。

第二产业增速处于低位运行。2012年，第二产业增加值235 319亿元，增长8.1%。国际形势严峻，出口拉动效应锐减，加之中国内部存在产能结构性过剩的问题不断凸显，中国第二产业增速放缓。如不及时对产能过剩的情况加以调控和引导，任其发展，可能造成恶性竞争、企业效益下滑、职工下岗失业、资源浪费和银行不良贷款增加等一系列问题，甚至可能成为引发系统性风险的隐患。从本质上讲，中国产能结构性过剩的根本原因是产业结构不合理、产业质量不高、企业素质和创新能力较低。为此，国家发展改革委明确表示：第一，要提高企业的素质；第二，通过兼并重组来消化一批产能过剩；第三，通过优胜劣汰淘汰一批落后的产能；第四，鼓励企业到海外去发展，转移一批产能。受这些政策的影响，2013年第二产业增速出现大幅提高的概率很小。受雾霾天气影响，中央政府决定加大力度控制能源消耗，除了之前就实施的单位GDP能耗的限制外，还下达了每个地区能源消费总量的控制指标，这在一定程度上也限制了第二产业尤其是高耗能行业的发展速度。尽管如此，2013年第二产业还将保持中速增长的态势，这主要是依靠产业转型提高发展质量，主要包括：一是节能降耗。为应对高污染高耗能产业的粗放发展对环境造成的影响，企业必须创新技术，以更经济环保的模式进行生产。二是产业升级。随着国内消费水平的提升和低端市场利润的减少，企业有必要升级产品结构，以应对市场供需两方的新形势。三是城镇化提供契机。高度依赖出口的模式已经成为过去，中央政府传递的信号也不再是大规模投资，城镇化无疑成为经济增长的新动力。公共基础设施的建设和城市交通的投入都将为第二产业提供新的机遇。

第三产业有望超越第二产业。2012年，第三产业增加值为231 626亿元，比上年同期增长8.1%，第三产业增速"追平"第二产业，这是四年来的首次。从占比来看，第三产业占GDP比重达到44.6%，而第二产业则降至45.3%，为近年新低，两者之间差距历史上首次缩小到1个百分点之内；从绝对值上看，第三产业已经基本与第二产业持平；从对GDP的贡献率来看，第三产业已经连续两年成为拉动经济增长的第一驱动力。按此势头，第三产业增加值、占GDP比重和贡献率很有可能在2013年全面超越第二产业。按照《服务业发展"十二五"规划》中提出的目标❶来看，第三产业占GDP比重年均上升0.8个百分点，正在有条不紊地进行，2015年达成目标压力不大。《2013年政府工作报告》提出"坚持生产性服务业和生活性服务业并重，现代服务业和传统服务业并举，进一步发展壮大服务业"。在31个省（自治区、直辖市）的"两会"报告中均提到加快发展现代服务业，并大力发展服务贸易，以服务业的发展促进产业提升。

4.2.6　重点行业发展

（一）黑色金属行业

2013年，在稳增长、调结构的大背景下，钢铁生产不大可能再出现过去持续10%以上的增速，逐渐进入低速发展的阶段。

从主要下游行业发展情况来看，房地产行业用钢占到整个钢铁需求的30%以上，"国五条"的出台短期内将助推新房市场的销售，再

---

❶ 到2015年，服务业增加值占国内生产总值的比重较2010年提高4个百分点，成为三次产业中比重最高的产业。

加上新政府对城镇化的大力提倡，2013年房地产行业总体处于温和回升的状态。基础设施建设用钢约占钢铁需求的15%，2013年铁路建设、城市轨道交通将呈加速之势，基建投资不会低于2012年水平，用钢需求将有明显回升。机械行业用钢约占钢铁需求的20%，由于汽车、家电等行业前期刺激政策对需求的过分透支，行业整体形势不佳，用钢需求增长有限，基本维持2012年发展水平。综合主要下游行业的发展形势，总体预计2013年全国钢铁消费量约6.7亿t，比上年增长4.7%，增速实现小幅回升。预计全年钢材出口量在5500万t左右，与上年基本持平。综合国内、国际市场需求发展，考虑国内钢铁产能持续供大于求的现状，综合预计2013年全国粗钢产量约7.46亿t，比上年增长4.1%，增速同比加快1.0个百分点。

（二）有色金属行业

2013年，国际环境依然充满复杂性和不确定性，有色金属国际市场需求将持续走弱。同时，新型城镇化将会继续带动房地产建设活动温和复苏，内需拉动将会明显，支撑有色金属工业运行的环境有所改善。2012年12月28日，工业与信息化部发布《2012年中国工业经济运行报告》指出，随着基础设施投资加快、“十二五”国家战略性新兴产业发展规划和节能产品惠民工程的出台落实，对有色金属尤其是有色金属精深加工产品的消费需求将进一步加大。

下游行业在2012年表现疲弱之后，预计2013年略微回升。其中，“家电下乡”在2013年1月退出将对家电行业形成新的冲击。2012年我国汽车行业产销出现前低后高、缓慢复苏的势头，但是由于产能过剩、去库存、中日关系紧张引发日系车产销下滑、各地城市治堵，以及汽车下乡等导致消费能力被透支等因素的影响，2013年汽车产销回暖幅度有限。预计未来基建投资和电力行业投资将形成有色金属消费的拉动力量。

供应方面，2012 年，我国有色金属行业在矿山领域的固定资产投资 1085 亿元，比上年增长 13.4%，国内紧缺的有色金属矿山原料及初级产品进口量也有较大幅度增加。考虑国内外情况，预计 2013 年有色金属原材料供应不存在紧张问题。产能方面，电解铝冶炼产能过剩问题仍然突出，2012 年末国内电解铝产能约 2765 万 t，产能利用率仅为 72%；铜冶炼产能也不断扩张。

综合上述因素，预计 2013 年十种有色金属产量约 3950 万 t，比上年增长 7.0%；电解铝产量约 2180 万 t，比上年增长 9.7%。

（三）化工行业

2013 年，受国际主要经济体宽松货币政策及中东地缘政治的不确定性影响，国际油价可能居高难下，加之用电成本和员工工资的提升都使基础化工企业成本居高不下；房地产、汽车、电子电器、纺织服装等下游行业增长也将呈现微弱复苏的态势，化工产业经济运行面临一定的挑战，但总体上升的趋势不会改变，预计化工行业经济运行总体将保持平稳，上半年的下行压力较为突出，下半年稳中趋好。

从主要产品来看，影响化肥价格的因素主要是出口、天气和阶段性冬储。国家惠农政策的不断落实、农产品和粮价的上涨，使得农民收入增长加快，农业种植积极性将有所提高，为化肥产业的发展提供较为宽松的环境。预计 2013 年化肥价格将呈现小幅上升趋势。受化肥淡季出口关税税率下降影响，出口方面有望支撑化肥行业生产，预计 2013 年产量将有小幅增加。烧碱方面，产能将在 2013 年逐渐释放，市场存量较大将对烧碱价格的提升造成较大的压力。同时，下游行业需求未见明显改观。从目前国内烧碱市场走势来看，库存压力增大或将使价格继续呈现下行走势。2013 年，电石和氯碱产量的严重过剩态势将持续。尽管房地产小幅回暖将带动聚氯乙烯的消费增长进而利好电石和氯碱市场反弹，但国内需求总量放大有限，国外市场复苏仍旧曲折多变，2013 年电石行业产量将表现为窄幅震荡走势，下行压力较大。

综合以上分析，预计 2013 年除化肥外，化工行业多数产品产量增速均有小幅回落，但降幅呈现收窄趋势。其中，烧碱产量 2793 万 t，比上年增长 3.5%左右；电石产量 2037 万 t，比上年增长 9%；化肥产量 8254 万 t，比上年增长 11.2%。

（四）建材行业

2012 年建材行业增加值比上年增长 11.5%，增速同比回落 8 个百分点，占全国工业增加值的 6.6%，其中全年水泥产量为 21.8 亿 t，比上年增长 7.4%；平板玻璃产量为 7.1 亿重量箱，比上年下降 3.2%。2012 年建材行业利润总额达到 3750 亿元的历史新高，比上年增长 3.5%，但水泥、平板玻璃等行业利润总额分别比上年下降 32.8%、66.6%，建材行业利润增长主要是家居装修部分的需求旺盛，价格高攀。在过去几年房地产市场推动下，建材行业迅猛发展，水泥和平板玻璃等传统行业产能过剩问题不断凸显，2013 年“去库存化”“去产能化”的任务依然繁重。2013 年，建材行业调整结构和优化产能的压力依然巨大，其中水泥行业将控制生产线和熟料产能的增长，受房地产市场投资放缓的影响预计 2013 年全国水泥产量保持在 23 亿 t 以内，比上年增长 5%左右。平板玻璃行业将按照《平板玻璃行业准入条件》严格控制新上项目，并提高现有项目的技术水平，改变中国浮法玻璃能耗高达 5600～7500kJ/kg 的现状，弥合与国际先进水平巨大的差距，其主要措施是加快行业兼并重组和企业整合，减少过度和恶性竞争，扭转要素价格扭曲和企业大面积亏损的不利局面。预计 2013 年全国平板玻璃产量超过 8 亿重量箱，能够实现产量和盈利的双回升，但升幅十分有限。

总的来说，2013 年建材行业的重点任务是加快产业资源整合和结构优化升级，加快落后产能的淘汰进度，巩固龙头企业的比较优势和竞争优势，发挥新兴清洁项目的后发优势，确保 2013 年行业增加值比上年增速与 2012 年基本持平或略高于 2012 年的水平。

4.3 2013 年经济增长预测

4.3.1 全国经济

2013 年是落实“十二五”规划目标的关键之年，是全面贯彻落实党的“十八大”精神的开局之年，也是政府换届迎来的第一年。在外部环境有所改善但增长依然乏力的情况下，中国政府已主动降低经济增速目标，以切实推进结构调整和转变发展方式，确保经济增长的质量和效益。

根据对国际国内经济形势的分析，设计高方案、中方案和低方案情景进行模拟。根据不同情景设计，以及对宏观外部环境、国内宏观政策、产业发展态势的综合分析，应用国家电网公司电力供需研究实验室（以下简称“实验室”）宏观经济月度模型，对 2013 年中国经济和分部门增长情况进行预测。2013 年中国经济增长预测结果如表 4 - 2所示。

表 4 - 2　2013 年中国经济增长预测结果 %

指　　标	2012 年	2013 年		
		高方案	中方案	低方案
GDP	7.8	8.4	8.0	7.5
第一产业	4.5	3.7	3.9	4.0
第二产业	8.1	8.6	8.0	7.8
第三产业	8.1	9.3	8.4	8.0
规模以上工业增加值	10.0	12.0	10.9	10.0

续表

指　　标	2012年	2013年		
		高方案	中方案	低方案
固定资产投资	20.6	21.0	19.5	18.0
社会消费品零售额	14.3	15.0	14.5	14.2
出口	7.9	10.0	8.9	8.0
进口	4.3	8.0	6.0	5.1
居民消费价格指数	2.6	3.5	3.2	2.6
工业品出厂价格指数	−1.7	1.4	1.0	0.5

(1) 在中方案情景下，2013年中国将继续完善积极财政政策和稳健货币政策体系，同时为了防止经济回暖出现反复及通胀反弹，货币政策继续进行前瞻性的预调微调。世界经济增长2.2%，原材料购进价格指数和国际大宗商品价格指数均有所上升。内需在经济增长中发挥更大作用，国内居民消费比重上升，固定资产投资增速小幅回落；国际金融体系基本稳定，欧元区主权债务危机未进一步恶化。

在此情景下，预计2013年国内生产总值将增长8.0%，增幅比2012年上升0.2个百分点。固定资产投资增速下降，名义增速达到19.5%；社会消费品零售总额名义增幅预计达到14.5%左右；全年出口增长8.9%，进口增长6.0%；居民消费价格指数上涨3.2%，工业品出厂价格指数上涨1.0%。

中方案情景为推荐方案，体现了在宏观经济政策调控下，中国经济将实现平稳增长。在此情景下，预计三季度开始，中国经济增速将逐步企稳回升，宏观政策也将加大预调微调的力度。全年经济将保持平稳增长，并呈现“前低后高”的态势，四个季度GDP分别增长7.7%、7.9%、8.2%和8.0%。三次产业中，第三产业有望保持最快增速，这是中国持续推进服务业发展的必然结果；第二产业增速较低，与GDP持平；第一产业增速较2012年回落0.6个百分点。

(2) 在高方案情景下，2013年中国积极财政政策力度保持稳定，而货币政策稳中偏松的幅度有所加大，通胀压力仍温和可控。世界经济增速达到2.5%，原材料购进价格指数和国际大宗产品价格上升较快。国际和国内经济形势积极因素渐多，外贸形势明显好于2012年，居民消费比重有较大幅度攀升，固定资产投资增长平稳。

在此情景下，预计2013年国内生产总值将增长8.4%，增幅比2012年提高0.6个百分点。固定资产投资增速较2012年略有回升，名义增速达到21.0%；社会消费品零售总额名义增速预计达到15.0%左右；全年出口增长10.0%，进口增长8.0%；居民消费价格指数上涨3.5 %，工业品出厂价格指数上涨1.4%。

(3) 在低方案情景下，2013年国内加大结构调整力度和改革方案的实施，增强淘汰落后产能力度，节能减排的政策约束也进一步强化。国际形势并不乐观，欧盟仍未出现转好的迹象。世界经济增速为2.0%，原材料购进价格指数和国际金属价格指数明显回落。国际贸易形势更为严峻，居民消费比重基本维持平稳，而且政策调控导致固定资产投资回落较快。

在此情景下，预计2013年国内生产总值将增长7.5%，增幅比2012年降低0.3个百分点。全社会固定资产投资增速下降，名义增速为18.0%，比2012年回落2.6个百分点；社会消费品零售总额名义增速预计达到14.2%左右；全年出口增长8.0%，进口增长5.1%；居民消费价格指数上涨2.6%，工业品出厂价格指数上涨0.5%。

4.3.2 分地区经济预测

2013年，中国将着力协调各地区之间的发展，缩小地区间差异。

按照优先推进西部大开发、全面振兴东北地区等老工业基地、大力促进中部地区崛起、积极支持东部地区率先发展、继续加大对革命老区、民族地区、边疆地区和贫困地区的支持的原则，国家相关部门制定了多项鼓励区域发展的政策措施，随着这些政策的出台实施及中央预算内投资向欠发达地区倾斜程度加大，预计2013年中国国土空间开发格局将得到优化，区域发展将更为协调。

2013年，东部沿海地区保持全国经济增长极地位，但经济增速明显落后于中、西部地区，中、西部地区的后发优势逐步显现。区域劳动力和人口自由流动性增强，同时向东部沿海地区单向流动的模式将逐渐转变；以跨区、跨省和城际高铁为纽带的全国和区域性交通网络奠定了经济空间一体化的基础，同城化、公共服务均等化、城乡一体化等趋势明显，长江中游地区、成渝地区、中原地区、关中地区和呼包鄂榆地区等中西部经济增速加快，逐渐形成区域经济增长极。2012年出台的区域政策（部分）如表4-3所示。

表4-3　2012年出台的区域政策（部分）

出台部门	文件名称	政策内容	发布时间/实施期限
国务院	《关于支持深圳前海深港现代服务业合作区开发开放有关政策的批复》（国函〔2012〕58号）（简称《批复》）	《批复》指出，在金融改革创新、现代服务业税收体制改革等方面支持深圳前海深港现代服务业合作区实行比经济特区更加特殊的先行先试政策，打造现代服务业体制机制创新区、现代服务业发展集聚区、香港与内地紧密合作的先导区、珠三角地区产业升级的引领区	2012年6月27日/自发布之日起实施

续表

出台部门	文件名称	政策内容	发布时间/实施期限
国务院	《关于支持赣南等原中央苏区振兴发展的若干意见》(国发〔2012〕21号)(简称《若干意见》)	《若干意见》指出，通过解决突出的民生问题、加快交通能源水利等基础设施建设、培育壮大特色优势产业、加强生态建设和环境保护、发展繁荣社会事业、深化改革扩大开放等支持赣南等原中央苏区振兴发展，确保与全国同步进入全面小康社会	2012年6月28日/自发布之日起实施
国家发展改革委	《关于黔中经济区发展规划的批复》(发改西部〔2012〕2446号)(简称《规划》)	《规划》要求，黔中经济区要着力加强基础设施和生态环境建设，着力推进工业化信息化融合，着力优化区域发展格局，着力保障和改善民生，着力深化改革扩大开放，将经济区培育成为高科技、优产业、开放型、生态化、经济快速崛起、城乡协调发展的核心区域，为贵州省实现全面建设小康社会宏伟目标奠定坚实基础	2012年8月12日/2012—2020年
国务院	《关于大力实施促进中部地区崛起战略的若干意见》(国发〔2012〕43号)(简称《若干意见》)	为大力实施促进中部地区崛起战略，《若干意见》提出，要通过稳步提升“三基地、一枢纽”地位、推动重点地区加快发展、大力发展社会事业、加强资源节约和环境保护、推进改革创新及全方位扩大开放等，努力实现全面崛起，在支撑全国发展中发挥更大作用	2012年8月27日/自发布之日起实施

续表

出台部门	文件名称	政策内容	发布时间/实施期限
国家发展改革委、中国科学院	《关于印发中科院科技服务东北老工业基地振兴行动计划(2012—2015年)的通知》(发改东北〔2012〕2568号)	立足东北老工业基地的产业基础，充分发挥中国科学院所属科研院所的科技和人才优势，积极探索中央科研院所与地方合作的新模式，为东北老工业基地全面振兴提供强有力的科技支撑	2012年8月20日/2012—2015年
国家发展改革委	《关于印发兰州新区建设指导意见的通知》(发改西部〔2012〕2786号)(简称《指导意见》)	《指导意见》提出，通过优化产业布局、推进产业结构调整、加强生态环境保护与建设、推进城乡统筹发展、深化改革开放等推动兰州新区发展，将兰州市打造成为西北地区重要的经济增长极、国家重要的产业基地、向西开放的重要战略平台和承接产业转移示范区	2012年8月31日/自发布之日起实施
国务院	《关于广州南沙新区发展规划的批复》(国函〔2012〕128号)(简称《规划》)	通过实施《规划》，努力把南沙新区建设成为粤港澳优质生活圈、新型城市化典范、以生产性服务业为主导的现代产业新高地、具有世界先进水平的综合服务枢纽和社会管理服务创新试验区，为全面推动珠三角转型发展、促进港澳地区长期繁荣稳定、构建中国开放型经济新格局发挥更大作用	2012年9月6日/2012—2025年

续表

出台部门	文件名称	政策内容	发布时间/实施期限
国家发展改革委	《宁夏内陆开放型经济试验区规划》(发改西部〔2012〕2970号)(简称《规划》)	为加强中国同阿拉伯国家及世界穆斯林地区的经贸文化交流与合作,《规划》要求,试验区建设要坚持对外开放与深化改革相结合,对外开放与对内开放相结合,重点突破与全面发展相结合,以创新体制机制为引领,以推动资源型地区转变经济发展方式为主线,以夯实对外开放基础为支撑,努力把宁夏建设成为国家向西开放的前沿阵地	2012年9月14日/2012—2020年
国务院	《关于广西壮族自治区海洋功能区划(2011—2020年)的批复》(国函〔2012〕166号)(简称《区划》)	通过实施《区划》,合理配置海域资源,优化海洋开发空间布局,到2020年,全区建设用围填海规模控制在1.61万hm^{2}以内,海水养殖功能区面积不少于20万hm^2,海洋保护区面积达到管辖海域面积的11%以上,实现规划用海、集约用海、生态用海、科技用海、依法用海,促进经济平稳较快发展和社会和谐稳定	2012年10月10日/2011—2020年
国务院	《关于山东省海洋功能区划(2011—2020年)的批复》(国函〔2012〕165号)(简称《区划》)	通过实施《区划》,到2020年,全省建设用围填海规模控制在3.45万hm^{2}以内,海水养殖功能区面积达到55万hm^2,海洋保护区面积达到管辖海域面积的11%以上,海洋生态环境质量明显改善,海洋可持续发展能力显著增强	2012年10月10日/2011—2020年

续表

出台部门	文件名称	政策内容	发布时间/实施期限
国务院	《关于浙江省海洋功能区划(2011—2020年)的批复》(国函〔2012〕163号)(简称《区划》)	通过实施《区划》，到2020年，全省建设用围填海规模控制在5.06万hm^2以内，海水养殖功能区面积不少于10万hm^2，海洋保护区面积达到管辖海域面积的11%以上，海洋生态环境质量明显改善，海洋可持续发展能力显著增强	2012年10月10日/2011—2020年
国务院	《关于福建省海洋功能区划(2011—2020年)的批复》(国函〔2012〕164号)(简称《区划》)	通过实施《区划》，到2020年，全省建设用围填海规模控制在33 350hm^2以内，海水养殖功能区面积不少于15.3万hm^2，海洋保护区面积不少于区划面积的11.9%，海洋生态环境质量明显改善，海洋可持续发展能力显著增强	2012年10月10日/2011—2020年
国务院	《关于江苏省海洋功能区划(2011—2020年)的批复》(国函〔2012〕162号)(简称《区划》)	通过实施《区划》，到2020年，全省建设用围填海规模控制在26 450hm^2以内，海水养殖功能区面积不少于30万hm^2，海洋保护区面积达到管辖海域面积的11%以上，海洋生态环境质量明显改善，海洋可持续发展能力显著增强	2012年10月10日/2011—2020年
国务院	《关于辽宁省海洋功能区划(2011—2020年)的批复》(国函〔2012〕161号)(简称《区划》)	通过实施《区划》，到2020年，全省建设用围填海规模控制在2.53万hm^2以内，海水养殖功能区面积不少于55万hm^2，海洋保护区面积达到区划面积的11%以上，海洋生态环境质量明显改善，海洋可持续发展能力显著增强	2012年10月10日/2011—2020年

续表

出台部门	文件名称	政策内容	发布时间/实施期限
国务院	《关于河北省海洋功能区划（2011—2020年）的批复》（国函〔2012〕160号）（简称《区划》）	通过实施《区划》，到2020年，全省建设用围填海规模控制在14 950hm^{2}以内，海水养殖功能区面积不少于12万hm^2，海洋保护区面积达到区划面积的5%以上，海洋生态环境质量明显改善，海洋可持续发展能力显著增强	2012年10月10日/2011—2020年
国务院	《关于天津市海洋功能区划（2011—2020年）的批复》（国函〔2012〕159号）（简称《区划》）	通过实施《区划》，到2020年，全市建设用围填海规模控制在0.92万hm^{2}以内，海水养殖功能区面积不少于0.6万hm^2，海洋保护区面积不低于1万hm^2，海洋生态环境质量明显改善，海洋可持续发展能力显著增强	2012年10月10日/2011—2020年

考虑到各地区基础条件、发展特征和指导政策，预计2013年各地区经济增长情况（中方案）如表4-4所示。

由于外需依然乏力、外向型经济面临巨大挑战，且处于节能减排和结构调整的前沿，东部地区经济增速或将小幅回落。中国外向型出口企业主要集中在东部沿海。虽然年初出口形势略有改善，但2013年出口的总体形势依然不容乐观，这将在很大程度上拖累东部地区的经济增速。此外，一些高耗能、高污染的行业不断向中、西部地区转移，而且战略性新兴产业处于起步阶段，尚不能替代传统产业的市场份额。综合上述各方因素，2013年东部地区经济增速或将出现较小的下浮。长期而言，东部地区产业结构调整表现出三大趋势：传统产业升级与转移并举、新兴产业驶入发展快车道、服务业迎来政策大利好，经济增长质量有望明显提高。

表4-4　　2013年各地区GDP增速预测（中方案）　　%

地　区	2012年	2013年	地　区	2012年	2013年
华　北	**10.1**	**10.0**	江　西	11.0	10.0
北　京	7.7	8.0	湖　北	11.3	10.0
天　津	13.8	13.8	湖　南	11.3	10.0
河　北	9.6	9.0	重　庆	13.6	12.0
山　西	10.1	10.0	四　川	12.6	11.0
山　东	9.8	9.5	**西　北**	**12.5**	**12.0**
内蒙古	11.7	12.0	西　藏	11.8	12.0
东　北	**10.2**	**10.2**	陕　西	12.9	12.5
辽　宁	9.5	9.5	甘　肃	12.6	12.0
吉　林	12.0	12.0	青　海	12.3	12.0
黑龙江	10.0	11.0	宁　夏	11.5	12.0
华　东	**9.7**	**9.3**	新　疆	12.0	11.0
上　海	7.5	7.5	**南　方**	**9.6**	**9.4**
江　苏	10.1	10.0	广　东	8.2	8.0
浙　江	8.0	8.0	广　西	11.3	11.0
安　徽	12.1	10.0	海　南	9.1	10.0
福　建	11.4	11.0	贵　州	13.6	14.0
华　中	**11.4**	**10.4**	云　南	13.0	12.0
河　南	10.1	10.0			

注　1. 表中的华北、东北、华东、华中、西北、南方区域是按照电网口径划分的。

2. 根据统计数据测算，近年来各区域GDP增速均高于全国GDP增速。

中、西部地区投资和产业转移承接能力不断提升。当前东部地区投资的边际收益低于中、西部地区，中、西部地区已经成为承接国内外投资和产业转移的重要基地，配套政策和基础设施等软硬件条件逐步成熟，承接能力不断提升。相比于东部地区的转型升级、创新驱动，中、西部地区则更强调经济增长的跨越和赶超，地区政府的投资倾向远远超过东部地区，重大基础项目仍是地方政府投资的重点。中、西部地区仍将是全国增长最快的区域。

第2篇
电力需求篇

5

2012年电力消费回顾

本 章 要 点

受经济增长放缓等因素影响，全国电力消费增速大幅回落，分季度来看，前三季度逐季下降，第四季度有所回升。2012年，全国全社会用电量49 591万亿kW·h，比上年增长5.46%，增速同比下降约6.5个百分点；四个季度分别增长6.8%、4.3%、3.6%和7.3%。

第三产业和城乡居民生活用电量持续较快增长，第四季度随着经济趋稳回升，第二产业用电量成为带动全社会用电量增速回升的主要动力。2012年，第一产业用电量与上年基本持平，第二产业用电量比上年增长3.9%，第三产业和居民生活用电量比上年分别增长11.5%和10.7%。其中，四个季度第二产业用电量比上年分别增长4.5%、2.9%、1.6%和6.7%，第四季度对全社会用电量增长的贡献率达到70.4%。

四大高耗能行业用电增速大幅下滑，其中建材和黑色金属冶炼业用电增速陡降。2012年，黑色金属、有色金属、化工和建材四大高耗能行业合计用电量比上年增长2.7%，增速同比下降11.3个百分点。其中，化工、有色金属行业用电量分别比上年增长8.1%、7.7%，增速同比分别下降4.4、4.7个百分点；建材和黑色金属行业用电量分别增长0.2%和下降4.2%，增速同比均大幅下降17个百分点左右。

各区域用电增速均明显回落，西北、华中地区用电增速降幅较大。2012年，华北、华东、华中、东北、西北、南方地区用电增速分别为4.8%、5.3%、3.6%、3.1%、11.6%、6.4%，由于高耗能行业比重较高，西北、华中地区用电增速同比均大幅下降9个百分点左右。

5.1　全国电力消费实绩

5.1.1　全社会用电量

全社会用电增速大幅下滑，年末实现企稳回升。 2012 年，全国全社会用电量达到 49 591 亿 kW·h，比上年增长 5.46%，增速比上年下降约 6.5 个百分点。全社会用电大幅下滑的主要原因：一是国际经济低迷，加之国内结构调整力度加大，经济增长明显放慢；二是夏季大部分地区持续高温天气较少，降雨较多，降温负荷未能充分释放；三是南方地区一季度电力供应紧张导致拉限电情况严重，抑制了部分用电消费的增长。分季度看，与 GDP 增速逐季变化趋势一致，四个季度全社会用电量同比分别增长 6.8%、4.3%、3.6%和 7.3%。2000—2012 年全国用电量及增速如图 5-1 所示[1]。

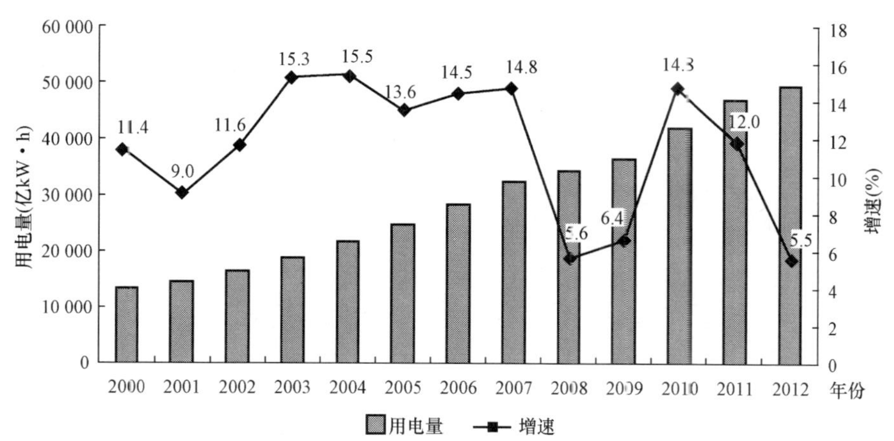

图 5-1　2000—2012 年全国用电量及增速

---

[1] 本报告关于 2012 年电力消费、电力供应的数据均来自中国电力企业联合会《2012 年电力工业统计快报》。

5.1.2 分产业用电量

第二产业用电增速明显减缓，第三产业及居民生活用电快速增长。2012年，第二产业用电量比上年增长3.9%，增速同比下降约8.3个百分点，导致其占全社会用电量的比重下降约1.1个百分点，第二产业用电增速的大幅下滑是带动全社会用电增速下降的主要动力；第三产业和居民生活用电量分别比上年增长11.5%、10.7%，均高于全社会水平，导致其占全社会用电的比重分别上升0.6、0.5个百分点。其中，第二产业对全社会用电量增长的贡献率达到53.8%，比上年下降约21.2个百分点。2012年全国三次产业及居民生活用电增长和贡献率如表5-1所示。

表5-1　　2012年全国分产业用电量

产业	2011年				2012年			
	用电量（亿kW·h）	比上年增速（%）	结构（%）	贡献率（%）	用电量（亿kW·h）	比上年增速（%）	结构（%）	贡献率（%）
全社会	47 026	12.0	100	100	49 591	5.5	100	100
第一产业	1013	3.7	2.2	0.7	1013	0.0	2.0	0.0
第二产业	35 288	12.2	75.0	76.3	36 669	3.9	73.9	53.8
第三产业	5105	14.0	10.9	12.5	5690	11.5	11.5	22.8
居民生活	5620	10.3	12.0	10.5	6219	10.7	12.5	23.3

工业用电增速低于全社会平均水平，轻工业用电增速略高于重工业。2012年，全国工业用电量36 061亿kW·h，比上年增长3.9%，增速比上年下降8.2个百分点；其中轻、重工业用电量分别增长4.3%、3.8%，增幅比上年分别下降5.0、8.9个百分点。轻、重工业用电结构由2011年的16.8∶83.2变化为2012年的16.9∶83.1，

重工业比重下降0.1个百分点。2000—2012年全国轻、重工业用电增速如图5-2所示。

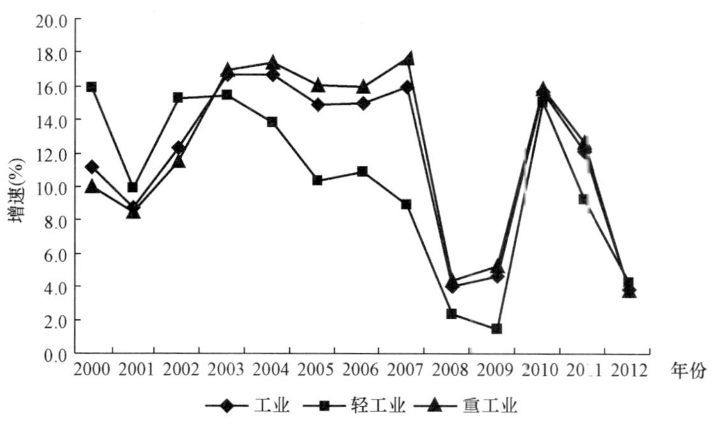

图5-2 2000—2012年全国轻、重工业用电增速

5.1.3 重点行业用电量

高耗能行业用电增速陡降，建材和黑色金属行业用电增速回落幅度更大。2012年，受国际经济形势和国内宏观调控影响，高耗能行业用电增速大幅下降，黑色金属、有色金属、化工和建材四大高耗能行业用电合计15 687亿kW·h，比上年增长2.7%，增速同比下降11.3个百分点。其中，化工、有色金属行业用电量比上年增长8.1%、7.7%，降幅较小，增速相对较高；建材和黑色金属行业受房地产调控等结构调整政策影响较大，用电量分别增长0.2%和下降4.2%，增速同比均大幅下降约17个百分点。四大高耗能行业用电量占全社会用电量的比重由2011年的32.5%降至2012年的31.6%。

交通运输/电气/电子设备制造业用电增速略低于全社会平均水平。由于限制汽车消费政策的出台和铁路投资的下降，2012年交通运输/电气/电子设备制造业用电增速降至5.2%，降幅为5.6个百分点。

纺织行业用电增速与全社会平均水平相当。2012年，纺织行业用电量增长5.6%，增速比上年下降2.4个百分点。

2000—2012年重点行业用电量占全社会用电量比重如图5-3所示。

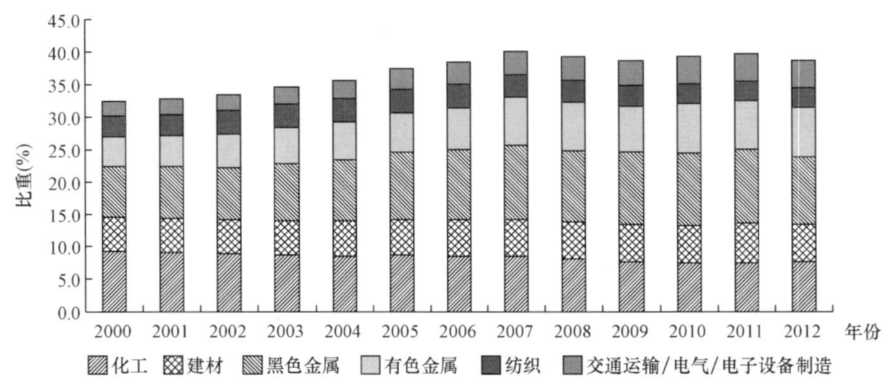

图5-3 2000—2012年重点行业用电量占全社会用电量比重

5.1.4 人均用电量和人均生活用电量

与发达国家相比，中国人均用电量明显低于发达国家当前水平，而人均生活用电量的差距更大。2012年，中国人均用电量和人均生活用电量分别达到3662、459kW·h，与2011年相比分别增加172、42kW·h。2005年以来中国人均用电量和人均生活用电量年均分别增长9.9%、11.4%。2000—2012年中国人均用电量和人均生活用电量如图5-4所示。

按照IEA的统计口径测算（如表5-2所示），2012年中国人均用电量约为3461kW·h，约为美国2010年人均用电量的25%和日本2010年人均用电量的41%；中国人均生活用电量接近美国平均水平的10%和日本平均水平的20%。

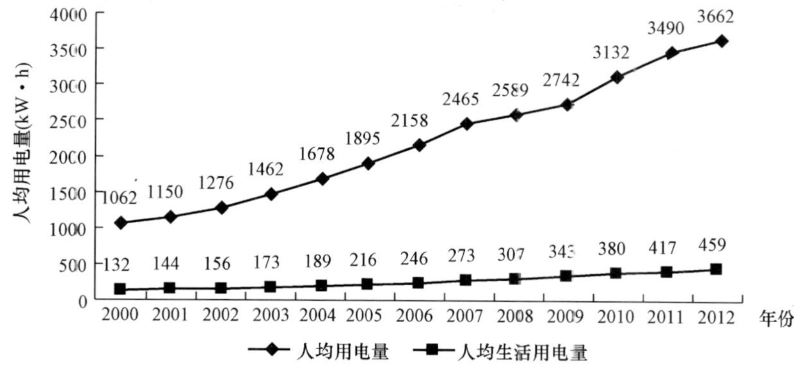

图 5-4　2000—2012 年中国人均用电量和人均生活用电量

表 5-2　　主要国家人均用电量和人均生活用电量

国家	人均用电量（kW·h）				人均生活用电量（kW·h）			
	1990 年	2000 年	2008 年	2010 年	1990 年	2000 年	2008 年	2010 年
澳大利亚	8475	10 132	11 174	10 063	2243	2531	2705	2670
加拿大	16 168	17 037	17 053	15 145	4687	4504	4822	4313
法　国	5975	7260	7704	7756	1666	2119	2427	2506
德　国	6646	6637	7148	7217	1727	1588	1699	1733
日　本	6482	7970	8072	8399	1491	2033	2252	2397
韩　国	2369	5907	8853	9851	414	789	1156	1254
英　国	5358	6115	6067	5741	1639	1899	1920	1909
美　国	11 687	13 659	13 647	13 361	3693	4222	4532	4662
南　非	4431	4417	4770	4803	538	652	827	837
巴　西	1455	1894	2232	2384	329	480	498	556
印　度	280	402	566	644	38	74	109	131
中　国	509	915	2474	2942	42	132	307	391
俄罗斯	—	5198	6443	6460	—	962	826	915

注　表中中国的人均用电量用 IEA 口径计算，略小于中电联口径。

IEA 统计口径中，人均用电量＝（总发电量＋进口电量-出口电量-线损电量）/人口数。

5.2 分地区电力消费实绩

各区域用电增速均显著回落，西北地区用电量仍增长最快，东北地区用电量增长最慢。2012年，在西部大开发、大建设、大发展的带动下，西北地区用电量增长11.6%，在各区域中最快，增速高于全国平均水平6.1个百分点，但比上年回落幅度也达到9.1个百分点；华北（含蒙西）、华东地区用电增速分别为4.9%、5.3%，增速比上年分别回落6.7、5.3个百分点；华中地区因高耗能行业用电量减少较多，整体用电量增长缓慢，增速为3.6%，比上年回落约9个百分点；同样高耗能产业和重型工业行业聚集的东北地区用电增速为3.1%，在各区域中最低，增速比上年回落5.8个百分点；南方地区用电增速为6.4%，增速比上年回落4.9个百分点。2012年各区域用电量如表5-3所示。

表5-3　2012年各区域用电量

地　区	2011年		2012年		
	用电量（亿kW·h）	比重（%）	用电量（亿kW·h）	增速（%）	比重（%）
全国	47 026	100.0	49 591	5.5	100.0
华北	11 325	24.1	11 883	4.9	24.0
华东	11 475	24.4	12 086	5.3	24.4
华中	8707	18.5	9022	3.6	18.2
东北	3620	7.7	3733	3.1	7.5
西北	4054	8.6	4524	11.6	9.1
南方	7845	16.7	8343	6.4	16.8

注　表中的华北包括蒙西，东北包括蒙东，西北包括西藏。

用电量增长较快的省份主要位于中、西部地区。2012年，新疆

(30.0%)、西藏(16.8%)、海南(12.3%)、安徽(11.5%)、贵州(10.9%)用电增速均在10%以上，其中安徽因皖江城市带开发带动，用电量一直保持平稳较快增长。因工业用电增速下降幅度较大，重庆(0.8%)、上海(1.0%)、吉林(1.1%)、辽宁(2.1%)用电增速均在3%以下。全国有20个省(区、市)用电量超过1000亿kW·h，与上年相比，增加了新疆、陕西和贵州。2012年各省用电增速如图5-5所示。

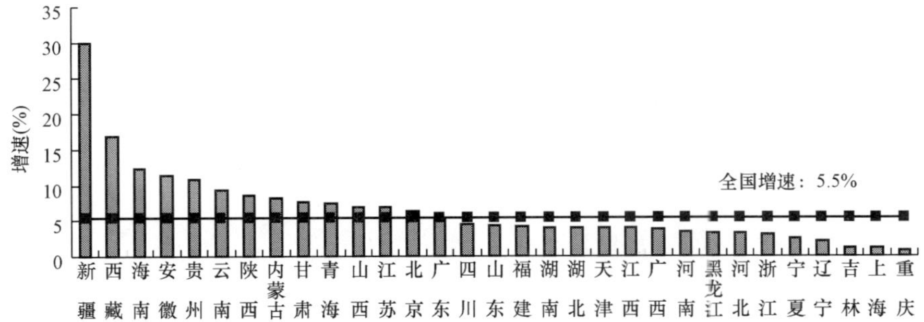

图5-5 2012年各省(区、市)用电增速

6

2013年电力需求预测

本 章 要 点

电力需求增速有望回升，但增长仍然较为缓慢。预计2013年全国全社会用电量将达到5.23万亿～5.33万亿kW·h，比上年增长5.5%～7.5%。若GDP增速下降到7.5%左右，则用电增速约为5.5%；若GDP增速上升到8.4%左右，则用电增速将达到7.5%左右。中方案下，预计全年用电量达到5.28万亿kW·h，比上年增长6.5%左右，增速比2012年提高约1个百分点。

第二产业用电增长仍然较慢，第三产业用电保持较快增长，居民生活用电增速放缓。2013年，第一产业由于降水偏多、土壤墒情较好、灌溉等，用电增长缓慢；第二产业由于政府积极推进发展方式转变，加之外贸形势不容乐观，用电增长依然较慢；第三产业在政府调结构、扩内需、促就业等措施的带动下，用电量将保持较快增长，受上年开始实施阶梯电价的影响，居民生活用电增长将放缓。中方案下，预计三次产业和居民生活用电量比上年分别增长3.9%、5.9%、10.2%、7.1%。

西北地区用电增速仍为两位数，其余地区用电增速均在6%左右。中方案下，预计2013年华北（含蒙西）、华东、华中、东北、西北、南方地区全社会用电增速分别为6.4%、5.7%、5.3%、5.1%、13.7%、5.9%。其中，西北地区用电增速仍为两位数，明显高于其他五个地区。

最大负荷出现在夏季，最大负荷增速高于用电量增速。中方案下，预计2013年全国统调最大用电负荷达到7.16亿kW，比上年增长9.1%，统调最大负荷增速高于用电量增速约2.6个百分点。

6.1 2013年全国需电量预测

根据经济增长的情景分析，应用电力供需研究实验室的电力需求情景分析方法体系进行电力需求预测。主要采用的方法包括部门分析法、投入产出法、重点行业比重法等。

6.1.1 部门分析法

近年来，第一产业万元增加值电耗维持在340kW·h左右，2012年冬季及2013年春季降水偏多，土壤墒情较好，第一产业用电单耗将有所下降，预计达到329kW·h/万元，比上年下降约1%。结合对第一产业经济增长的预测，则2013年第一产业用电量为1040亿～1045亿kW·h，比上年增长2.7%～3.0%。

从第二产业来看，多数工业均存在着产能过剩的问题，加快转变经济发展方式，推进经济结构战略性调整，既是一个长期过程，也是当前最紧迫的任务。2013年，中国将促进产业结构优化升级，推动战略性新产业健康发展，大力发展高端装备制造、节能环保、生物医药、新能源汽车、新材料等产业。扩大技改专项资金规模，促进传统产业改造升级。汽车、钢铁、造船、水泥等行业，将控制增量，优化存量，努力提高产品附加值。预计2013年第二产业用电单耗将下降至1945kW·h/万元，比上年减少2%左右。结合对第二产业经济增长的预测，则2013年第二产业用电量为38 811亿～39 027亿kW·h，比上年增长5.6%～6.4%。

从第三产业来看，由于积极推广电能替代等工作，第三产业的电气化水平不断提高，近年来用电单耗平稳上升，2008—2012年期间，第三产业的用电单耗年均上升3.4%左右，预计2013年，中国第三产业用电单耗达到378kW·h/万元，比上年增长3.2%。结合对第三产业经济增长的预测，则2013年第三产业用电量为6342亿～6378

亿 kW·h，比上年增长 11.5%～12.8%。

2013 年，中国将加大完善社会保障体系，切实保障和改善民生，预计居民生活用电量也将实现较快增长，但受一季度气温偏高及上年开始实施阶梯电价的影响，居民生活用电量增长将有所放缓，预计达到 6654 亿～6779 亿 kW·h，比上年增长 7.0%～9.0%。

综合三次产业和居民生活用电来看，预计 2013 年全社会用电量为 52 778 亿～53 263 亿 kW·h，比上年增长 6.4%～7.4%。2013 年全社会用电量预测结果（部门分析法）如表 6-1 所示。

表 6-1　2013 年全社会用电量预测结果（部门分析法）

类别	2012 年	2013 年	
	用电量（亿 kW·h）	用电量（亿 kW·h）	增速（%）
全社会	49 591	52 778～53 263	6.4～7.4
第一产业	1013	1040～1045	2.7～3.0
第二产业	36 669	38 811～39 027	5.6～6.4
第三产业	5690	6342～6378	11.5～12.8
居民生活	6219	6654～6779	7.0～9.0

6.1.2 投入产出法

结合中国目前所处的经济环境及国家的经济结构调整力度，2013 年全国消费率有所上升，投资率有所下降，净出口占 GDP 的比重略有上升。预计 2013 年消费率为 49.7%，投资率为 48.2%，净出口占 GDP 的比重约为 2.1%。就最终需求的行业结构来看，预计农业产品所占比重将有一定的下降，而服务业所占比重会有所上升；随着环保与节能工作的不断加强，煤炭的终端消费比重有所降低，电力消费比重将有所上升；消费的升级，将会带动医疗等第三产业的发展，使机械设备制造业、服务业等行业的资本形成需求有所提高。

根据 2013 年支出法 GDP 结构和三大需求的行业结构，利用投入产出模型预测 2013 年全社会用电量为 52 269 亿 kW·h，比上年增长 5.4%左右。2013 年全社会用电量预测结果（投入产出法）如表 6-2 所示。

表 6-2　　2013 年全社会用电量预测结果（投入产出法）

类别	2012 年		2013 年		
	用电量（亿 kW·h）	比重（%）	用电量（亿 kW·h）	增速（%）	比重（%）
全社会	49 591	100.0	52 269	5.4	100.0
第一产业	1013	2.0	1042	2.9	2.0
第二产业	36 669	73.9	38 320	4.5	73.3
第三产业	5690	11.5	6260	10.0	12.0
居民生活	6219	12.5	6648	6.9	12.7

6.1.3　重点行业比重法

（一）黑色金属行业

在供应过剩和效益下滑的双重压力下，结构调整将成为 2013 年中国钢铁行业的主攻方向，加快淘汰落后产能、企业兼并重组及重点节能技术的推广，都将促使行业生产能耗及电耗趋于回落。预计 2013 年单位粗钢电耗约为 585kW·h/t，相比 2012 年下降 5kW·h/t。考虑未来钢材产品增长走势判断，预计 2013 年黑色金属行业用电量将达到 5245 亿 kW·h，比 2012 年增长 3.1%，增速同比上升 7.3 个百分点。

（二）有色金属行业

随着“新型阴极结构铝电解节能技术”和粗铅富氧熔炼—液态高铅渣直接还原技术开始大规模推广，考虑技术因素及国家宏观政策和产业政策的作用，预计2013年电解铝综合电耗将降至13 600 kW·h/t，比2012年下降150kW·h/t。综合考虑产业内部结构变动和技术经济指标变化，根据主要产品产量、电耗预测，2013年有色金属行业用电量将达到4159亿kW·h，比上年增长8.4%，增速同比上升0.7个百分点。

（三）建材行业

由于节能技术应用推广、淘汰落后产能、提高企业集中度及结构优化等措施，预计2013年建材行业的电耗水平将有所下降，水泥产品的电耗将达到为64kW·h/t，比上年下降约1.7%。考虑建材行业产出趋势和技术水平，预计2013年建材行业用电量达到3079亿kW·h左右，增长4.6%，增速同比上升4.4个百分点。

（四）化工行业

由于淘汰落后产能、提高企业集中度及采取先进的技术和工业等，烧碱、电石、化肥等产品的电耗水平均有所下降。预计2013年上述三种产品电耗分别为1670、3253、1295kW·h/t，分别比上年下降1.2%、3.4%、2.1%，预计化工行业用电量为4032亿kW·h，比上年增长7.7%，增速略低于上年0.4个百分点。

2013年，预计四大高耗能行业用电量合计达到16 516亿kW·h，比2012年增长5.8%左右，增速同比提高3.6个百分点。根据重点行业占比略有下降来考虑，预计2013年全国全社会用电量为52 432亿～53 278亿kW·h，比上年增长5.7%～7.3%。2013年全社会用电量预测结果（重点行业比重法）如表6-3所示。

表6-3 2013年全社会用电量预测结果（重点行业比重法）

类别	2010年			2012年			2013年（预测）		
	用电量(亿kW·h)	增速(%)	比重(%)	用电量(亿kW·h)	增速(%)	比重(%)	用电量(亿kW·h)	增速(%)	比重(%)
全社会	41 999	14.8	100.0	49 591	5.46	100.0	52 432～53 278	5.7～7.3	100
四大高耗能合计	13 454	16.3	32.0	15 613	2.2	31.5	16 516	5.8	
按比重测算							52 432	5.7	31.5
							52 767	6.3	31.3
							53 278	7.3	31.0

6.1.4 组合预测

根据以上各方法的预测结果，综合考虑各模型的权重，利用组合预测法，预计2013年全国全社会用电量将达到5.23万亿～5.33万亿kW·h，比上年增长5.5%～7.5%；如果经济结构调整进展较快，则预计全年用电量达到5.23万亿kW·h，比上年增长5.5%左右；如果国家经济刺激政策力度较大，则全年用电量将达到5.33万亿kW·h，比上年增长7.5%左右。中方案预计全年用电量达到5.28万亿kW·h，比上年增长6.5%左右，增速比2012年提高约1个百分点。2013年全国全社会用电量预测结果如表6-4所示。

由于中国工业用电比重较高，近年来工业受国际经济形势及国内宏观调控影响较大，电力消费增长的波动幅度明显大于经济增长的波动幅度。一般而言，在GDP增速上升时，用电量增速也趋于上升，且后者上升的幅度大于前者。

表 6-4 2013 年全国全社会用电量预测结果

预测方法	2012 年		2013 年	
	用电量（亿 kW·h）	增速（%）	用电量（亿 kW·h）	增速（%）
部门分析法	49 591	5.46	52 778～53 263	6.4～7.4
投入产出法			52 269	5.4
重点行业比重法			52 432～53 278	5.7～7.3
综合预测结果			**52 308～53 324**	**5.5～7.5**

中方案下，三次产业和居民生活用电量分别为 1052 亿、38 833 亿、6271 亿、6661 亿 kW·h，比上年分别增长 3.9%、5.9%、10.2%、7.1%。与 2012 年相比，第二产业用电比重下降约 0.4 个百分点，第三产业用电比重上升约 0.4 个百分点，第一产业和居民生活用电比重变化很小。2013 年用电结构预测结果（中方案）如表 6-5 所示。

表 6-5 2013 年用电结构预测结果（中方案）

类别	2012 年		2013 年		
	用电量（亿 kW·h）	比重（%）	用电量（亿 kW·h）	增速（%）	比重（%）
全社会用电量	49 591	100.0	52 816	6.5	100.0
第一产业	1013	2.0	1052	3.9	2.0
第二产业	36 669	73.9	38 833	5.9	73.5
第三产业	5690	11.5	6271	10.2	11.9
居民生活	6219	12.5	6661	7.1	12.6

6.2 2013 年各地区需电量预测

2013 年，预计华北地区全社会用电量 10 719 亿～10 933 亿

kW·h，比上年增长 4.7%～6.8%。北京由于首钢外迁结束，用电量保持平稳增长，增速低于全国平均水平；河北总体保持平稳增长；天津、山东产业结构调整继续深化，用电增速略低于全国平均增速；山西受国家节能减排政策影响明显，用电量增长较慢。

2013 年，预计东北地区全社会用电量将达到 3886 亿～3962 亿 kW·h，比上年增长 4.1%～6.1%。辽宁、吉林、黑龙江用电增速仍然低于全国平均水平，但蒙东增速较快。

2013 年，预计华东地区全社会用电量达到 12 653 亿～12 890 亿 kW·h，比上年增长 4.7%～6.7%。华东外向型经济比重较大，2013 年全球经济复苏仍然存在困难，贸易保护主义抬头，美国、日本和欧洲是华东地区的传统出口市场，外部经济增长的乏力使得华东地区进出口难以继续保持高速增长，增幅回升幅度不大，但安徽、苏北和福建成为华东地区新的增长极。

2013 年，预计华中地区全社会用电量 9402 亿～9591 亿 kW·h，比上年增长 4.2%～6.3%。华中地区虽然在承接东部转移中具有较好的地域优势和人才优势，但由于其高耗能行业用电比重较高，受国际经济复苏缓慢及国内结构调整影响较大，电力需求量增长缓慢。

新一轮西部大开发政策的逐步实施和能源基地建设将为西北地区经济增长带来动力。预计 2013 年西北地区全社会用电量将达到 5086 亿～5200 亿 kW·h，比上年增长 12.4%～14.9%，用电增速继续居于各区之首。

南方地区 2012 年初电力需求受到缺电的限制，预计 2013 年该部分电量将有所恢复，但广东受外贸形势影响，用电增速呈回落态势；广西、云南和贵州也面临工业产品市场不景气的问题。预计南方地区全年全社会用电量将达到 8759 亿～8905 亿 kW·h，比上年增长 5.0%～6.7%，低于全国平均水平。

2013年，预计华北（含蒙西）、华东、华中、东北、西北（含西藏）、南方地区用电量分别占全国的24.0%、24.2%、18.0%、7.4%、9.7%、16.7%，其中西北上升0.61个百分点，华北、华东、华中、东北、南方分别下降0.01、0.19、0.21、0.10、0.10个百分点。

2013年全国各地区全社会用电量预测结果如表6-6所示。

表6-6　2013年全国各地区全社会用电量预测结果

电量	2012年		2013年预计					
			高方案		中方案		低方案	
	用电量(亿kW·h)	增速(%)	需电量(亿kW·h)	增速(%)	需电量(亿kW·h)	增速(%)	需电量(亿kW·h)	增速(%)
全国	**49 591**	**5.5**	**53 324**	**7.5**	**52 816**	**6.5**	**52 308**	**5.5**
国网	**39 600**	**5.2**	**42 577**	**7.5**	**42 162**	**6.5**	**41 746**	**5.4**
华北	**10 235**	**4.6**	**10 933**	**6.8**	**10 826**	**5.8**	**10 719**	**4.7**
北京	874	6.4	931	6.5	924	5.7	917	4.9
天津	722	3.9	777	7.6	769	6.4	760	5.2
冀北	1458	2.3	1567	7.5	1552	6.5	1538	5.5
河北南	1620	3.8	1742	7.6	1725	6.5	1707	5.4
山西	1766	7.0	1858	5.2	1837	4.0	1816	2.8
山东	3795	4.4	4057	6.9	4019	5.9	3981	4.9
华东	**12 086**	**5.3**	**12 890**	**6.7**	**12 772**	**5.7**	**12 653**	**4.7**
上海	1353	1.0	1387	2.5	1374	1.5	1361	0.5
江苏	4581	7.0	4892	6.8	4856	6.0	4819	5.2
浙江	3211	3.0	3387	5.5	3355	4.5	3323	3.5
安徽	1361	11.5	1515	11.3	1497	10.0	1480	8.7
福建	1579	4.2	1709	8.2	1690	7.0	1671	5.8
华中	**9022**	**3.6**	**9591**	**6.3**	**9496**	**5.3**	**9402**	**4.2**
河南	2748	3.3	2897	5.4	2873	4.5	2848	3.6
湖北	1508	3.9	1583	5.0	1568	4.0	1553	3.0

续表

电量	2012 年		2013 年预计					
			高方案		中方案		低方案	
	用电量(亿 kW·h)	增速(%)	需电量(亿 kW·h)	增速(%)	需电量(亿 kW·h)	增速(%)	需电量(亿 kW·h)	增速(%)
湖南	1345	4.0	1429	6.2	1415	5.2	1402	4.2
江西	868	3.9	915	5.5	905	4.3	894	3.1
四川	1831	4.5	1968	7.5	1948	6.4	1928	5.3
重庆	723	0.8	799	10.4	788	8.9	777	7.4
东北	**3733**	**3.1**	**3962**	**6.1**	**3924**	**5.1**	**3886**	**4.1**
辽宁	1900	2.1	2013	5.9	1996	5.0	1979	4.1
吉林	637	1.1	665	4.4	658	3.3	651	2.2
黑龙江	828	3.2	878	6.0	869	4.9	860	3.8
蒙东	368	13.0	406	10.4	402	9.1	397	7.8
西北	**4524**	**11.6**	**5200**	**14.9**	**5143**	**13.7**	**5086**	**12.4**
陕西	1067	8.6	1119	4.9	1110	4.0	1100	3.1
甘肃	995	7.7	1096	10.2	1085	9.1	1074	8.0
青海	602	7.4	697	15.8	688	14.3	679	12.8
宁夏	742	2.4	820	10.5	810	9.2	801	7.9
新疆	1091	30.0	1434	31.5	1417	29.9	1399	28.3
西藏	27.8	16.8	33.4	20.2	32.8	18.0	32.2	15.8
南方	**8343**	**6.4**	**8905**	**6.7**	**8832**	**5.9**	**8759**	**5.0**
广东	4619	5.0	4758	3.0	4726	2.3	4693	1.6
广西	1153	3.7	1292	12.0	1280	11.0	1268	10.0
海南	208	12.3	238	14.3	235	12.8	232	11.3
贵州	1047	10.9	1128	7.8	1117	6.7	1105	5.6
云南	1316	9.3	1490	13.2	1475	12.1	1461	11.0
蒙西	1648	7.2	1842	11.7	1822	10.5	1802	9.3

注 表中的华北不包括蒙西，东北包括蒙东，西北包括西藏。

6.3 2013年电力负荷预测

结合近年来全国最大负荷利用小时数变化趋势，预计2013年全国最大负荷出现在夏季，全年最大负荷为7.07亿～7.24亿kW，比上年增长7.7%～10.4%，考虑2013年夏季高温概率较大，全国负荷增速将高于用电增速。预计国网经营区（含蒙西）最大负荷为5.83亿～5.98亿kW，比上年增长7.5%～10.1%。考虑到2012年凉夏导致负荷基数偏低，预计2013年各地区统调负荷将保持较快增长。其中，华北电网（含蒙西）最大负荷出现在夏季，比上年增长5.9%～8.3%；东北、西北电网的年最大负荷出现在冬季，分别增长4.8%～7.7%和12.2%～15.0%；华东、华中和南方电网最大负荷出现在夏季，分别增长7.2%～9.9%、4.9%～7.6%和4.8%～7.3%。2013年全国各地区统调负荷预测结果如表6-7所示。

表6-7 2013年全国各地区统调负荷预测结果

地区	2012年实际		2013年预计					
			高方案		中方案		低方案	
	最大负荷（万kW）	增速（%）	最大负荷（万kW）	增速（%）	最大负荷（万kW）	增速（%）	最大负荷（万kW）	增速（%）
全国	**65 615**	**2.5**	**72 446**	**10.4**	**71 573**	**9.1**	**70 700**	**7.7**
国网（含蒙西）	**54 289**	**2.6**	**59 797**	**10.1**	**59 073**	**8.8**	**58 349**	**7.5**
华北（含蒙西）	**17 040**	**5.0**	**18 447**	**8.3**	**18 248**	**7.1**	**18 049**	**5.9**
北京	1573	1.2	1778	13.1	1750	11.3	1722	9.5
天津	1119	1.8	1185	5.9	1169	4.4	1153	3.0
冀北	2103	10.4	2261	7.5	2261	7.5	2261	7.5

续表

地区	2012 年实际		2013 年预计					
			高方案		中方案		低方案	
	最大负荷（万 kW）	增速（%）	最大负荷（万 kW）	增速（%）	最大负荷（万 kW）	增速（%）	最大负荷（万 kW）	增速（%）
河北南	2551	4.0	2804	9.9	2773	8.7	2743	7.5
山西	2347	4.5	2519	7.3	2488	6.0	2457	4.7
山东	5070	3.2	5566	9.8	5506	8.6	5445	7.4
华东	**18 454**	**4.8**	**20 283**	**9.9**	**20 029**	**8.5**	**19 775**	**7.2**
上海	2592	1.7	2838	9.5	2801	8.1	2763	6.6
江苏	6857	3.5	7551	10.1	7460	8.8	7370	7.5
浙江	5045	1.8	5517	9.4	5450	8.0	5384	6.7
安徽	2271	14.0	2568	13.1	2533	11.5	2497	9.9
福建	2538	3.9	2798	10.2	2761	8.8	2725	7.4
华中	**13 031**	**4.9**	**14 027**	**7.6**	**13 848**	**6.3**	**13 670**	**4.9**
河南	4443	6.2	4754	7.0	4701	5.8	4647	4.6
湖北	2357	−5.1	2568	8.9	2534	7.5	2500	6.1
湖南	2004	9.4	2179	8.7	2150	7.3	2121	5.9
江西	1373	1.2	1504	9.6	1483	8.0	1461	6.4
四川	2397	3.8	2637	10.0	2606	8.7	2574	7.4
重庆	1190	0.2	1324	11.3	1303	9.5	1282	7.7
东北	**4785**	**7.0**	**5152**	**7.7**	**5084**	**6.2**	**5015**	**4.8**
辽宁	2220	7.3	2383	7.3	2353	6.0	2324	4.7
吉林	964	6.1	1035	7.4	1020	5.8	1005	4.2
黑龙江	958	1.6	1034	7.9	1020	6.5	1006	5.1
蒙东	403	14.8	453	12.3	445	10.5	438	8.7
西北	**5627**	**14.6**	**6473**	**15.0**	**6394**	**13.6**	**6315**	**12.2**

续表

地区	2012年实际		2013年预计					
			高方案		中方案		低方案	
	最大负荷（万kW）	增速（%）	最大负荷（万kW）	增速（%）	最大负荷（万kW）	增速（%）	最大负荷（万kW）	增速（%）
陕西	1545	12.8	1662	7.6	1645	6.5	1629	5.4
甘肃	1271	17.5	1407	10.7	1392	9.5	1376	8.3
青海	761	7.6	893	17.3	883	16.0	873	14.7
宁夏	969	0.3	1097	13.3	1080	11.5	1063	9.7
新疆	1400	34.2	1859	32.8	1834	31.0	1809	29.2
西藏	52	23.8	62.8	20.7	62.1	19.5	61.5	18.3
南方	**11 966**	**5.7**	**12 840**	**7.3**	**12 689**	**6.0**	**12 537**	**4.8**
广东	8005	7.1	8541	6.7	8445	5.5	8349	4.3
广西	1351	−1.8	1719	13.1	1699	11.8	1679	10.5
海南	279	7.3	325	16.5	320	14.7	315	12.9
贵州	1467	−2.0	1769	8.4	1745	7.0	1722	5.6
云南	1367	0.3	1748	15.4	1726	14.0	1704	12.6
蒙西	1883	0.6	1502	13.3	1478	11.5	1454	9.7

注 1. 表中数据根据国家电网公司报表测算。

2. 表中的华北包括蒙西，东北包括蒙东，西北包括西藏。

第3篇
电力供应篇

7

2012年电力供应回顾

本 章 要 点

全国新增装机容量有所减少，但规模仍然较大，结构进一步优化。2012年，全国新增发电装机容量8020万kW，比上年减少1020万kW，其中水电、火电、风电和太阳能新增装机比重分别为19.3%、63.1%、16.0%和1.5%；火电、风电和太阳能容量均比上年有所下降，水电装机容量明显增加。截至2012年底，全国装机容量达到11.45亿kW，其中水电、火电、核电和风电机组分别占21.7%、71.5%、1.1%和5.3%，火电装机比重比上年下降0.8个百分点。

水电发电量高速增长，水电设备利用小时数大幅上升，火电设备利用小时数明显下降。2012年，全口径发电量49 774亿kW·h，比上年增长5.2%。其中，水电发电量增长29.3%，占全部发电量的17.4%，比上年提高3.2个百分点。全年6000kW及以上电厂发电设备利用小时数4572h，比上年减少158h。其中，水电设备利用小时数3555h，增加536h；火电4965h，下降340h。

电网投资与上年基本持平，电网规模稳步增长。2012年，全国电网工程建设完成投资3693亿元，与上年基本持平。截至2012年底，全国220kV及以上输电线路回路长度和公用变电设备容量分别为50.7万km和22.8亿kV·A，分别比上年增长6.7%和8.3%。

电煤供需形势总体宽松，电煤库存屡创历史新高。2012年，全国煤炭新增产能2亿t以上，煤炭产量36.5亿t，增长3.8%；进口煤炭2.9亿t，增长29.8%；电煤消费19.3亿t，比上年下降1.5%。全国电煤供需形势为国际金融危机以来最为宽松的一年，重点发电企业电煤库存屡次超过9000万t，多次创历史新高。

7.1 电源建设

电源投资有所减少，风电投资大幅下降。2012年，全国电源投资完成3772亿元，比上年减少3.9%，主要是火电、风电投资趋于下降，其中火电投资1014亿元，比上年减少10.5%，延续了“十一五”以来逐年递减的态势，火电投资占电源投资比重下降至26.9%；风电投资615亿元，比上年大幅减少31.8%，结束了“十一五”以来快速增长的趋势；水电投资1277亿元，比上年增长31.5%；核电投资778亿元，比上年增长1.8%。2000—2012年中国电源投资增长情况如图7-1所示。

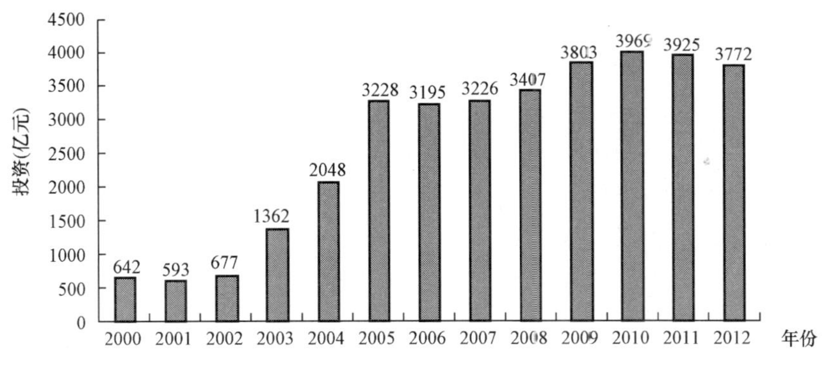

图7-1 2000—2012年中国电源投资增长情况

新增装机容量有所减少，但仍保持较大规模，水电比重明显上升。2012年，全国新增发电装机容量8020万kW，比上年减少1020万kW，其中水电、火电、风电和太阳能发电新增装机容量分别为1551万、5065万、1285万、119万kW，所占比重分别为19.3%、63.1%、16.0%、1.5%。新增装机中，火电、风电和太阳能发电容量均比上年有所下降，水电装机容量明显增加。新增装机主要分布在华中、南方和华北地区；其中水电主要分布在华中和南方地区，火电主要分布在南方和华东地区，风电则主要分布在华北、西北地区，太阳能发电主要集中在西北地区。2000—2012 年全国新增装机规模如图 7-2 所示。

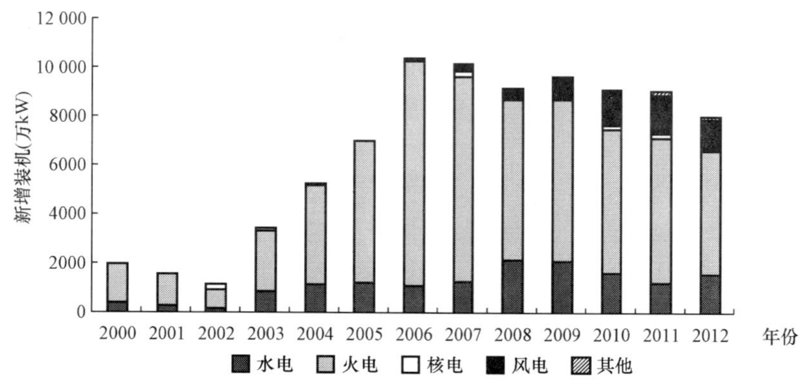

图 7-2 2000—2012 年全国新增装机规模

截至 2012 年底，全国装机容量达到 11.45 亿 kW，比上年增长 7.8%，增速同比回落 1.4 个百分点。其中水电、火电、核电和风电机组分别占 21.7%、71.5%、1.1%和 5.3%。

7.2 发电量

水电、风电发电量较快增长。2012 年，全国发电量 49 774 亿 kW·h，比上年增长 5.2%。其中，受来水偏丰及上年基数偏低的影响，水电发电量大幅增长 29.3%，占全部发电量的比重上升 3.2 个百分点，达到 17.4%；火电发电量比上年增长 0.3%，增速下降约 14 个百分点，占全部发电量的比重下降约 3.8 个百分点，达到 78.5%；核电、风电发电量比上年分别增长 12.6%和 35.5%，占全部发电量的 2%左右。2000—2012 年全国发电量结构如图 7-3 所示。

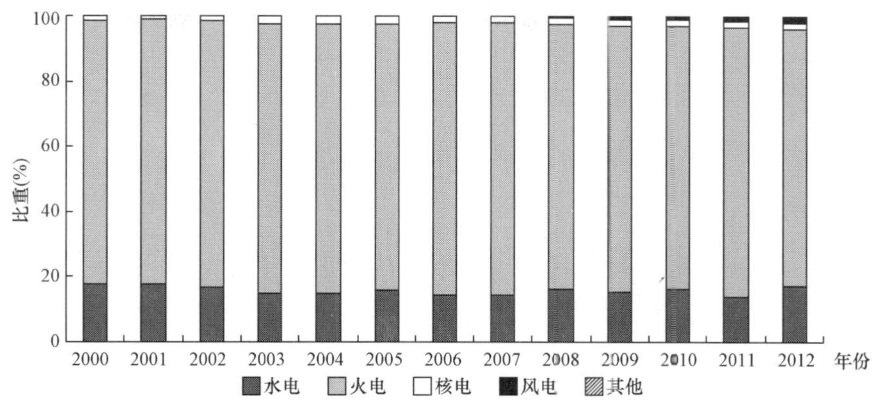

图7-3 2000—2012年全国发电量结构

7.3 电网建设

电网投资与上年基本持平，电网规模稳步增长。2012年，全国电网工程建设完成投资3693亿元，与上年基本持平；全国基建新增220kV及以上输电线路回路长度和公用变电设备容量分别为3.2万km和1.8亿kV·A，分别比上年减少10.9%和14.8%；截至2012年底，全国220kV及以上输电线路回路长度和公用变电设备容量分别为50.7万km和22.8亿kV·A，分别比上年增长6.7%和8.3%。2000—2012年全国电网投资增长情况如图7-4所示。

在新增输电线路中，由于锦苏直流双极投产，±800kV直流输电线路回路长度增加2090km；500kV线路回路长度增加4520km，比上年减少38.3%；330kV线路回路长度增加219km，减少77.3%；220kV线路回路长度增加25 421km，增长5.4%。全年没有新增750kV和1000kV输电线路。在新增变电设备容量中，500kV变电设备容量增加6750万kV·A，比上年增长15.1%；330kV变电设备容量增加372万kV·A，减少39.4%；220kV变电设备容量增加

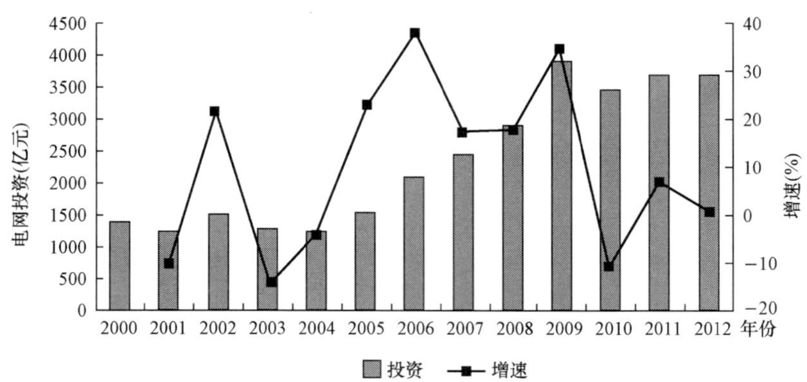

图7-4 2000—2012年全国电网投资增长情况

11 086万kV·A，减少7.9%。全年没有新增750kV级以上等级变电设备容量。

7.4 跨区跨省电力电量交换

跨区跨省交易电量快速增长。2012年，国家电网公司跨区跨省交易电量共完成6055亿kW·h，比上年增长14.1%。其中，跨区交易电量完成3225亿kW·h，比上年增长21.1%；跨省交易电量完成2830亿kW·h，比上年增长6.6%。

华北、华东跨省交易电量规模较大，而华中、东北、西北增长较快。分区域来看，华北电网跨省交易电量731亿kW·h，比上年增长4.2%；华东电网跨省交易电量928亿kW·h，比上年增长6.0%；华中电网跨省交易电量350亿kW·h，比上年增长12.8%；东北电网跨省交易电量737亿kW·h，比上年增长14.9%；西北电网跨省交易电量84亿kW·h，比上年增长12.6%。从电量规模来看，华北、华东、华中、东北和西北跨省交易电量分别占跨省总交易电量的26%、33%、12%、26%和3%。

跨区跨省电力交易频繁、灵活，有力保障了各地用电需求。年初，重庆地区因气温偏低，河北南网因机组非计划停运，电力供需紧张。国家电网公司组织跨区跨省交易，最大支援重庆电力 334 万 kW，支援河北 270 万 kW，保障了重庆、河北未出现电力缺口。迎峰度夏期间，国家电网公司多次优化四川水电外送交易安排，重点支援重庆用电需要，跨区跨省送重庆最大电力达到 354 万 kW，占重庆最大负荷的 30%，帮助重庆顺利度过夏季负荷高峰期。同时，加大复奉、锦苏特高压直流华中送华东力度，支援江苏、浙江、安徽等地因机组非计划停运和高温天气造成的电力供需紧张，跨区送华东最大电力达到 1853 万 kW，比上年增长 28%，创历史新高。

大规模、大范围消纳富余水电，促进了资源的优化配置和节能减排。一是大规模消纳长江水电。四川跨区跨省外送最大电力首次突破千万千瓦，达到 1110 万 kW，全年外送 344 亿 kW·h，是 2011 年的 2 倍多，创历史新高。度夏期间，三峡 32 台机组首次实现全开满发，最大上网电力 2240 万 kW，月最大上网电量 160.75 亿 kW·h，均创历史新高。三峡上网电量全年共完成 971.63 亿 kW·h，比上年增长 25.66%，创历史新高。二是大范围消纳黄河水电。除在西北区域消纳外，还通过银东直流、特高压交流首次将青海水电送至华北、华中、华东，通过青藏直流送往西藏。青海水电外送近 50 亿 kW·h，为 2011 年的近 10 倍。

7.5 电煤供应

煤炭产量增速回落，市场供大于求的状况较为明显。2012 年，全国煤炭新增产能 2 亿 t 以上，全年煤炭产量 36.5 亿 t，增长 3.8%。分阶段看，上半年煤炭生产延续了较快增长态势，但增速因需求放缓而持续下降；下半年由于迎峰度夏、迎峰度冬期间煤炭需求增长乏力，煤炭生产基本零增长，煤炭市场供应过剩的格局逐渐凸显，煤矿库存攀升、限产停产等现象较为普遍。2011—2012年煤炭逐月产量及其增速如图7-5所示。

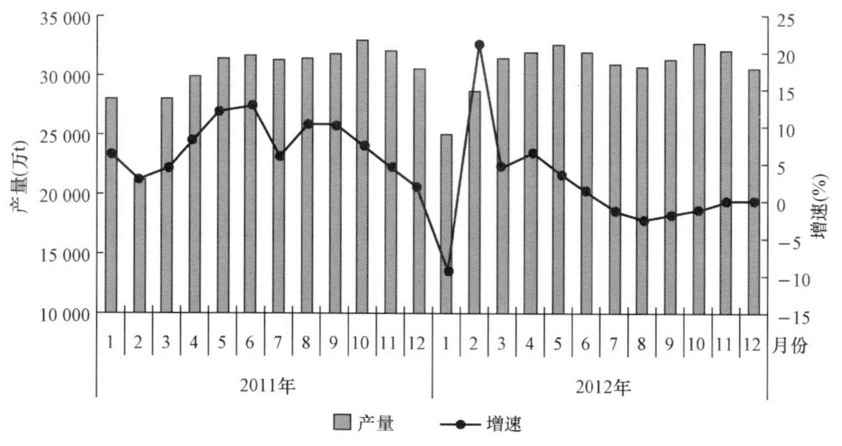

图7-5 2011—2012年煤炭逐月产量及其增速

煤炭发运量负增长。2012年，受全国煤炭需求增长乏力等因素影响，铁路煤炭发运量完成22.6亿t，比上年下降0.5%；主要通道中，大秦线完成运量4.3亿t，比上年下降3.2%；侯月线完成1.8亿t，比上年下降4.2%。主要港口完成发运量6.2亿t，比上年下降5.1%；其中，秦皇岛港发运量2.3亿t，比上年下降6.7%。2011—2012年煤炭逐月铁路发运量及其增速如图7-6所示。

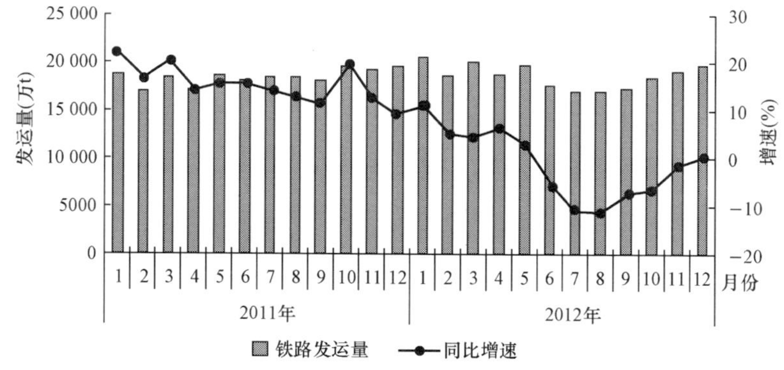

图7-6 2011—2012年煤炭逐月铁路发运量及其增速

煤炭进口持续较快增长。受国际煤炭需求增长乏力影响，主要产煤国家纷纷加大对华出口力度，全年煤炭进口2.9亿t，增长29.8%。从进口国别来看，印尼、澳大利亚是进口国的“第一梯队”，分别从其进口11 847万、5946万t，分别增长17.3%和82.6%；蒙古、俄罗斯和越南是进口国的“第二梯队”，分别从其进口2213万、2109万、1741万t，分别增长9.1%、89.2%、-21.1%。2011—2012年煤炭逐月进口量及其增速如图7-7所示。

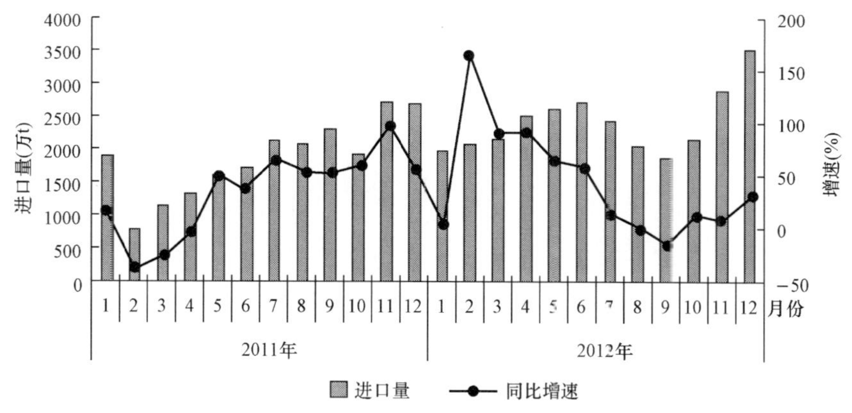

图7-7　2011—2012年煤炭逐月进口量及其增速

煤炭价格大幅回落。受供需形势影响，国内外煤炭价格从2011年底高峰持续下降，截至12月末；澳大利亚纽卡斯尔港（NEWC）和南非理查德湾港（RB）煤炭价格分别为93、90美元/t，分别较年初下降17.7%和15.9%；国内秦皇岛港5500kcal动力煤价格624元/t，较年初下降22.5%。2011—2012年秦皇岛5500kcal动力煤逐月价格如图7-8所示。

全国电煤供需形势总体宽松，电煤库存屡创历史新高。2012年，全国电煤消费19.3亿t，比上年下降1.5%，由于电煤消费负增长，市场供应充足，全国电煤供需形势为国际金融危机以来最为宽松的一

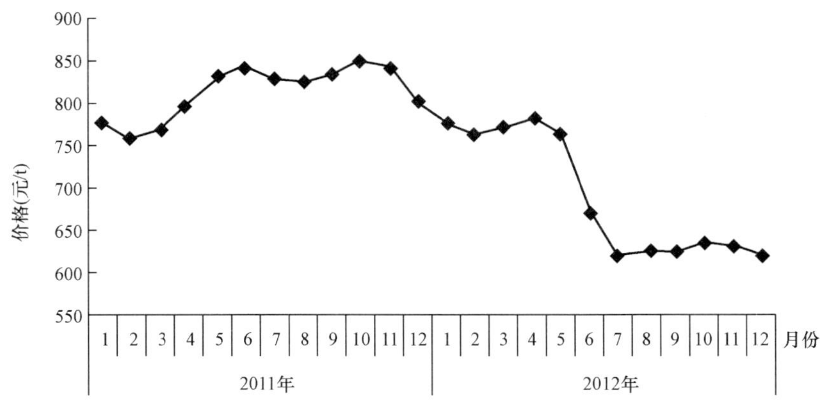

图7-8 2011—2012年秦皇岛5500kcal动力煤逐月价格

年，迎峰度夏、迎峰度冬期间各地均未出现“煤荒”及由此导致的“电荒”。因为全国电煤供大于求的状况贯穿全年，各地电厂存煤持续高位运行，重点发电企业电煤库存屡次超过9000万t，多次创历史新高。2011—2012年电力行业耗煤量及其可用天数如图7-9所示。

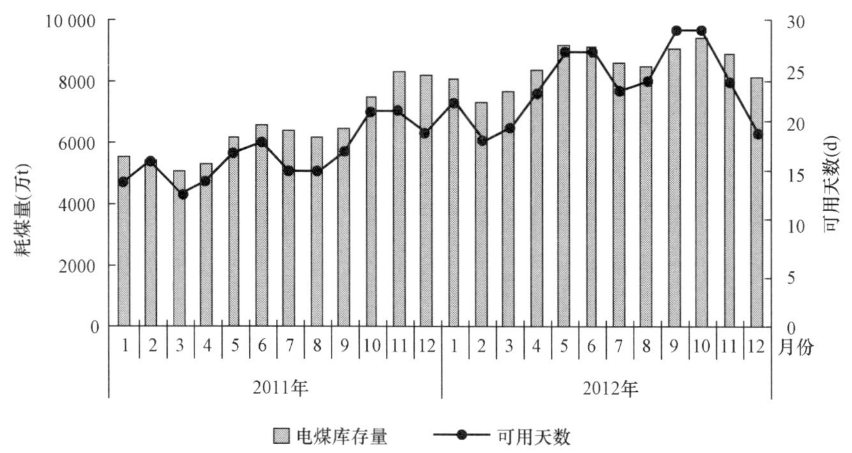

图7-9 2011—2012年电力行业耗煤量及其可用天数

8

2013年电力供应预测

本 章 要 点

新增发电装机规模超过上年，火电新增装机继续减少。2013年，预计新增装机约9400万kW，比上年增加约1400万kW。其中，新增水电、火电、核电、风电机组所占比重分别为27.9%、45.3%、3.3%、17.4%，火电新增容量比上年减少约1100万kW。2013年底全国装机容量约为12.4亿kW，增长7.9%。其中，水电、火电、核电、风电机组所占比重分别为22.3%、69.5%、1.3%、6.2%。

西北和南方地区发电装机增长加快，华北、华东、华中和东北地区发电装机增长均减缓。2013年，预计西北、南方地区发电装机增速比上年分别提高5.2、0.9个百分点，华北、华东、华中和东北地区发电装机增速比上年分别下降1.1、2.5、2.4、0.6个百分点。截至2013年底，华北、华东、华中、南方地区分别占全国总装机容量的21.6%、19.8%、20.5%、17.9%，西北、东北分别占11.0%和9.2%。

跨区输电通道陆续建成，资源优化配置能力将进一步提升。2013年，预计淮沪±1000kV特高压交流输电示范工程、哈郑±800kV特高压直流输电工程、溪洛渡工程、糯扎渡直流输电工程等均可在第三、四季度陆续投产。

电煤供需总体平衡有余，部分地区在迎峰度夏和迎峰度冬高峰时段可能出现电煤供需偏紧。2013年，预计全年煤炭产量将达38亿t左右，增长约3%；煤炭进口将再创历史新高，超过3亿t；各区域电煤供需总体平衡有余，但在迎峰度夏和迎峰度冬高峰时段，“三华”和南方部分地区可能因极端天气、运输能力、价格等原因，出现电煤供需偏紧。

8.1 电源装机

新增发电装机规模超过上年，火电新增装机继续减少。2013年，全国预计新增发电装机9400万kW左右。其中，水电、火电、核电、风电机组分别为2637万、4271万、309万、1643万kW，分别占全部新增容量的27.9%、45.3%、3.3%、17.4%；其他新增机组约576万kW，占全部新增装机容量的6.1%，主要是太阳能发电装机。预计2013年全国装机结构如图8-1所示。

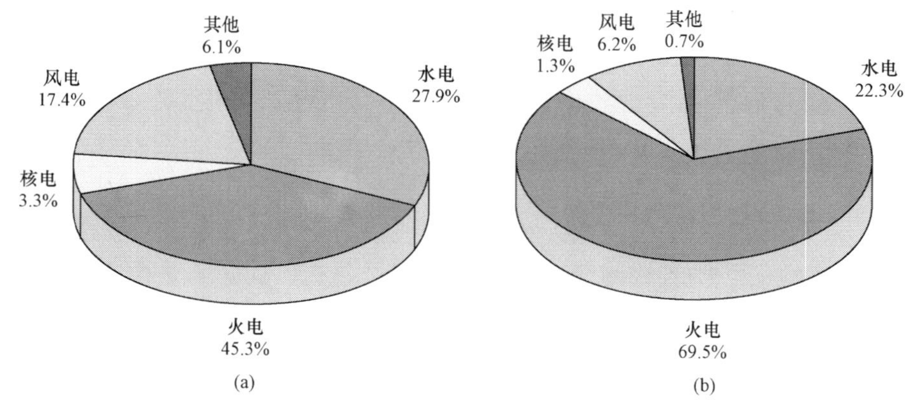

图8-1 2013年全国装机结构

(a) 2013年全国新增装机结构；(b) 2013年底全国装机结构

新增水电主要分布于华中及南方地区，合计比重达到90%；新增火电主要分布于华北、华东和西北地区，合计比重为71%；新增风电主要分布于华北、东北和西北地区，合计比重达70%；新投产核电主要有东北的200万kW及华东的109万kW。

考虑退役机组360万kW，扣除退役机组后，预计2013年底全国装机容量约为12.4亿kW，增长7.9%。其中，水电2.8亿kW，占全国总装机的22.3%，比重提高0.5个百分点；火电8.6亿kW，占69.5%，比重下降2.1个百分点；核电1566万kW，占1.3%，比重上升 0.2 个百分点；风电 7721 万 kW，占 6.2%，比重提高 0.9 个百分点；其他类型机组 843 万 kW，占 0.7%。

西北和南方地区发电装机增长加快，华北、华东、华中和东北地区发电装机增长均有所减缓。2013 年，华北、华东、华中、东北、西北和南方地区发电装机容量分别比上年增长 6.1%、5.0%、7.4%、8.2%、15.7%和 9.6%。其中，西北和南方地区发电装机增速比 2012 年分别提高 5.2、0.9 个百分点，华北、华东、华中和东北地区发电装机增速比 2012 年分别下降 1.1、2.5、2.4、0.6 个百分点。截至 2013 年底，华北、华东、华中、南方地区分别占全国总装机容量的 21.6%、19.8%、20.5%和 17.9%，西北、东北地区分别占 11.0%和 9.2%。与 2012 年底相比，华北、华东和华中地区装机比重有所下降，东北、西北和南方地区装机比重有所上升。预计 2013 年底全国装机地区分布如图 8-2 所示。

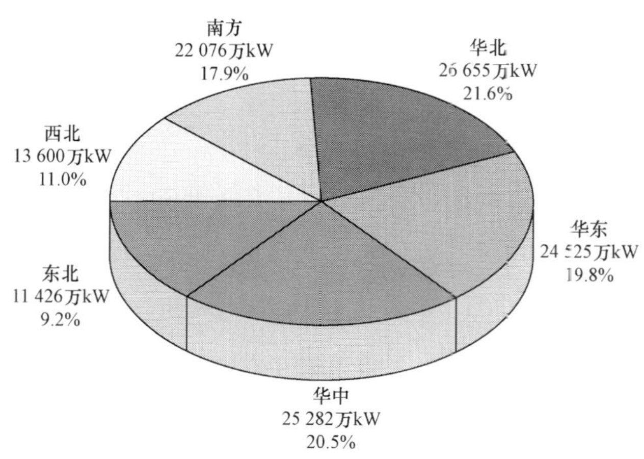

图 8-2 2013 年底全国装机地区分布

8.2 发电量

根据国家气象部门预计，2013 年夏季降水将比往年同期偏多。

其中，辽宁南部、北京、天津、河北大部、山西大部、山东大部、河南东北部、甘肃河西、陕西北部、青海大部、四川西北部、新疆东北部、浙江大部、福建北部、江西东北部、广东西部、广西东部、海南等地区降水偏多，且辽东半岛、天津、河北东部、山东半岛等地区偏多20%～50%，辽河流域、海河流域、黄河中游、江南东部可能出现洪涝；华南沿海和华东沿海有台风雨涝；全国其余部分地区降水偏少，且重庆东部、湖北西南部、湖南北部偏少20%～50%。总体来看，2013年水电机组利用小时数仍将维持较高水平。与此同时，在国家积极发展清洁能源政策的支持下，核电、风电及太阳能发电平均利用小时数有望略高于近年来的平均水平。

根据近年来发电量与用电量的增长规律及各类机组平均利用小时数的变化趋势，预计2013年全国发电量达到5.25万亿～5.35万亿kW·h，比上年增长5.5%～7.5%。中方案下，2013年全国发电量达到5.30万亿kW·h，比上年增长6.5%。其中，水电9609亿kW·h，增长11.2%；火电40 893亿kW·h，增长4.6%；核电1143亿kW·h，增长16.4%；风电1274亿kW·h，增长26.9%。2013年，水电发电量占全部发电量的比重将上升0.8个百分点，火电所占比重将下降1.4个百分点，核电、风电所占比重分别上升0.2、0.4个百分点。2013年发电量预测结果如表8-1所示。

表8-1　　2013年发电量预测结果

类别	2012年		2013年预测					
			高方案		中方案		低方案	
	发电量(亿kW·h)	结构(%)	发电量(亿kW·h)	结构(%)	发电量(亿kW·h)	结构(%)	发电量(亿kW·h)	结构(%)
总发电量	49 774	100.0	53 507	100.0	53 009	100.0	52 512	100.0
水电	8641	17.4	9609	18.0	9609	18.1	9609	18.3

续表

类别	2012年		2013年预测					
			高方案		中方案		低方案	
	发电量(亿kW·h)	结构(%)	发电量(亿kW·h)	结构(%)	发电量(亿kW·h)	结构(%)	发电量(亿kW·h)	结构(%)
火电	39 108	78.5	41 391	77.3	40 893	77.1	40 395	76.9
核电	982	2.0	1143	2.1	1143	2.2	1143	2.2
风电	1004	2.0	1274	2.4	1274	2.4	1274	2.4
其他	35	0.1	90	0.2	90	0.2	90	0.2

8.3 电网建设

特高压交、直流项目持续投产，跨区输电能力将进一步提高。淮沪±1000kV特高压交流输电示范工程第四季度正式投产，作为国内首个特高压点对网送电工程，建成后将显著增强皖电东送能力，保障华东地区电力供应；哈密至郑州±800kV特高压直流输电工程预计将于下半年投产，线路全长2210km，投产后输送能力可达800万kW。这两项工程的建成投运将进一步提高区域间资源优化配置能力，带来显著的节能减排效益。

“西电东送”工程取得新进展。糯扎渡直流输电工程（云南—广东，额定输送容量双极500万kW）计划于11月投产低端单极，溪洛渡工程（四川—浙江，额定输送容量双极800万kW）计划于12月投产单回单极。

8.4 电煤供应

煤炭产能将继续释放，产量将保持增长。2013年以来，中国中东部地区出现持续性、大范围“雾霾”天气，有关部门将出台一系列针对煤电、钢铁等耗煤大户的限制措施，在一定程度上压缩煤炭需求。与之对应的是，“十一五”以来煤炭行业固定资产投资高速增长形成的产能将继续释放，预计全国煤矿新增产能保持在2亿t以上，煤炭产能相对过剩的基本面仍将延续。在此背景下，煤矿企业限产、停产的范围和力度将进一步扩大。综合考虑煤炭需求增长、煤炭进口等因素，预计全年煤炭产量将达38亿t左右，增长约3%。

煤炭运力运量将有所上升。铁路方面，随着京广、哈大等铁路全线建成通车，现有的朔黄线、京原线、石太线、侯月线扩能改造完成，以及传统大通道大秦线的增运补欠，铁路对“三西”（山西、陕西和蒙西）煤炭外运的制约将进一步弱化。港口方面，仅黄骅港、曹妃甸就将新投煤炭装船能力1.5亿t，北方港口的发运能力进一步增强，局部时段运能将出现不同程度的过剩。

煤炭进口将再创历史新高。从国际煤市来看，欧盟和日本动力煤需求将保持增长，但由于新增煤电装机有限，增速将逐渐趋缓；美国受页岩气快速增长影响，动力煤市场将继续萎缩，促使国际市场动力煤价格持续低迷。与内贸煤炭价格相比，仍存在进口煤的利润空间。考虑国内煤炭需求恢复增长等其他驱动因素，预计来自印尼、越南、俄罗斯、蒙古、美国等产煤国的进口煤将保持较快增长，全年进口量将超过3亿t，进口煤对东部沿海和东北电厂电煤供应的支撑力度进一步增强。

煤炭价格将保持基本稳定。从国内环境来看，自2013年以来，全国市场煤价格总体平稳，秦皇岛港动力煤（5500kcal）价格已经连续14周徘徊在600～620元/t的较低区间。在国内煤炭供应过剩的大环境下，煤炭价格大幅上涨的动力不足。从国际环境看，尽管近期国际动力煤价格略有回升，但仍显著低于上年，南非RB和澳大利亚NEWC动力煤现货价格在过去的一年里分别下降了16%和18%左右，国际煤价低位运行带来的进口增长将进一步压抑国内煤炭价格。总体看，煤炭价格保持低位运行的可能性大，即便是在迎峰度夏和迎峰度冬之前的储煤期，煤炭价格上涨的空间仍显不足。

全国电煤供需总体平衡有余，部分地区在迎峰度夏和迎峰度冬高峰时段可能出现电煤供需偏紧。2013年，全国煤炭新增及原先受到压抑的停产产能将大规模释放，煤炭进口保持较快增长，煤炭运力运量稳步上升，煤炭供应完全可以满足需求增长。考虑当前煤矿、港口、发电企业等各个环节煤炭库存高企，年内几乎没有出现持续性、大范围电煤供应紧张的可能性。此外，由于煤价处于较低水平，火电企业发电具有一定的利润空间，购煤发电的主观意愿增强，将促使电煤产运销衔接更加顺畅。综合来看，电煤供需过剩的阶段性特征仍将延续，但因需求回升相对较快，裕度将有所减小。全年各区域电煤供需可实现总体平衡有余，但在迎峰度夏和迎峰度冬煤耗高峰，“三华”和南方部分地区可能因极端天气导致需求攀升、交通受阻、跨区跨省输电通道容量受限等原因，产生电煤供应偏紧的状况。

第4篇
电力供需形势篇

9

2012年电力供需形势回顾

本 章 要 点

全国电力供需总体平衡，局部地区在部分时段电力供需偏紧。2012年，由于用电消费增速大幅下滑，大部分地区未出现长时间高温高湿天气，同时水电出力高速增长，电煤供应状况明显好于上年，全国电力供需总体平衡。分区域看，华北、华东、华中地区电力供需平衡，东北、西北地区电力供应富余，南方地区电力供需平衡偏紧。

水电设备利用小时数明显增加，火电设备利用小时数大幅下降，总发电设备利用小数有所下降。2012年，全国6000kW及以上电厂发电设备平均利用小时数为4572h，较上年降低158h。其中，水电设备平均利用小时3555h，增加536h；火电4965h，下降340h；核电7838h，增加79h；风电1893h，增加18h。

省级电网电力缺口合计约为650万kW，仅为全国最大负荷的1%左右，主要集中在南方电网区域。2012年，各地区电力供需矛盾主要出现在一季度，其中，1月最大限电负荷653万kW，2月566万kW，3月526万kW，均主要集中在南方电网的广东、广西、贵州、云南和海南。

东北、西北地区电力供应富余较多。2012年，东北地区富余电力约1400万kW，发电设备平均利用小时数达到3758h，其中火电机组为4385h；西北地区富余电力约1100万kW，发电设备平均利用小时数达到4719h，其中火电机组为5284h。

9.1 全国电力供需形势

全国电力供需总体平衡，局部地区在部分时段电力供需偏紧，东北、西北地区电力供应富余。2012年，由于用电需求增速大幅下滑，大部分地区未出现长时间高温高湿天气，同时水电出力高速增长，电煤供应状况明显好于上年，全国电力供需总体平衡，其中华北、华东、华中地区电力供需平衡，东北、西北地区电力供应富余，南方地区电力供需平衡偏紧。

分月来看，1月，全国共有6个省份采取了有序用电措施，最大限电负荷653万kW，限电主要集中在广东、广西、贵州和云南。主要原因是来水偏枯、水电出力大幅减少；此外，受雨雪冰冻灾害和月普双线倒塔故障的影响，四川电网在高峰时段电力供需偏紧；因机组非计划停运、煤质差等原因，河南电网在高峰时段电力供需偏紧。

2月，全国最大限电负荷566万kW，限电主要集中在广东、广西、贵州、云南和海南。国家电网公司经营区域电力供需总体平衡，仅河北南网受机组故障、线路检修等因素影响，最大避峰电力约29万kW。其中华中、华东电网由于出现持续降雨，水电增发对保障电力供需平衡发挥了重要作用。

3月，全国仅南方电网高峰时段采取了错避峰措施，最大限电负荷526万kW。贵州自3月22日起解除有序用电措施，结束了自2011年7月中旬以后（春节除外）近8个月的电力供应偏紧局面。

4月，南方电网在上旬出现约200万kW电力缺口，随着主要水电厂来水继续增多，全国电力供需形势总体平稳。

5、6月，工业用电增长缓慢，电煤供应充足，来水偏丰，全国电力供需形势总体平稳，仅广东地区出现一定的电力缺口。

7、8月，虽然进入用电高峰期，但由于水电发电量大幅增长，而且负荷中心气温比较凉爽，电力负荷没有出现大幅增长，部分地区甚至出现负增长，总体来看，全国电力供需平衡，只有藏中电网存在约6.9万kW的电力缺口。

9月，电力消费季节性回落，水电发电量仍保持较高增长，全国电力供需继续维持平衡状态。

10、11月，随着稳增长措施效果的逐步显现，工业用电增速开始稳步回升，加之冬季气温较往年偏低，采暖负荷快速攀升，但由于电煤供应充足，主要水电厂水位正常，跨区跨省电力交易活跃，全国电力供需总体平衡，也只有藏中电网存在约4.7万kW的电力缺口。

12月，只有京津唐电网受气温偏低、天然气供应紧张等因素影响，电力供需偏紧，但在国家电网公司加大跨区输电力度等一系列措施保障下，未出现电力缺口。

火电设备利用小时数明显减少。2012年，全国6000kW及以上发电设备利用小时数为4572h，比上年减少158h；其中，火电设备利用小时数4965h，比上年减少340h；水电发电设备利用小时数3555h，比上年增加536h。2000—2012年全国6000kW及以上发电设备利用小时数如图9-1所示。

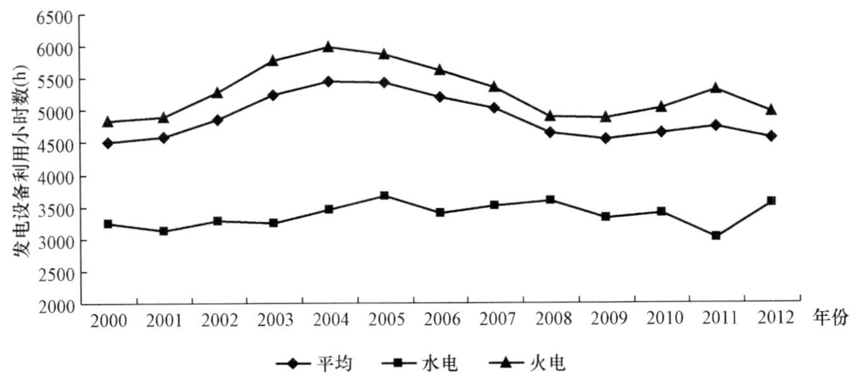

图9-1 2000—2012年全国6000kW及以上发电设备利用小时数

2012年，全国有13个省（区、市）火电发电设备利用小时数高于全国平均水平。其中宁夏最高，为5808h，其后依次是江苏、河北、安徽、天津、浙江、新疆、青海、陕西、贵州、广东、山西、内蒙古。火电设备利用小时数最低的是西藏，仅有1197h，吉林、云南也较低，分别为3814h和3249h，其他各省（区、市）火电设备利用小时数均在4000h以上。2012年全国火电设备利用小时数如图9-2所示。

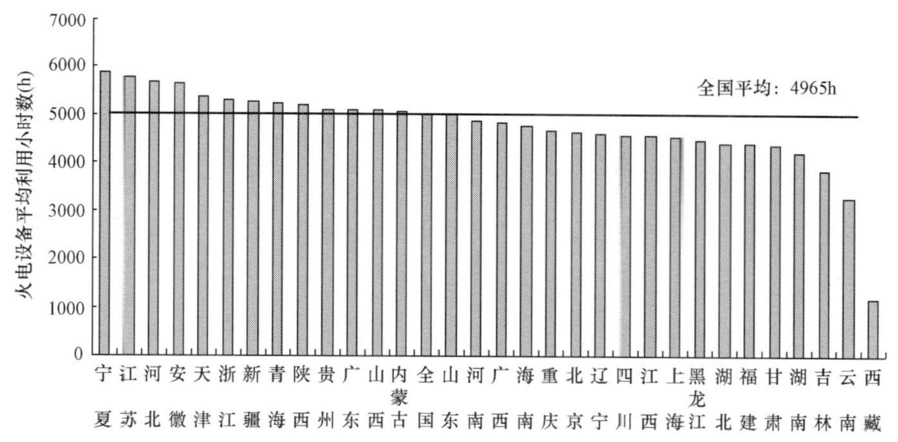

图9-2 2012年全国火电设备利用小时数

9.2 分地区电力供需形势

9.2.1 华北电网

华北电网电力供需平衡。发电设备利用小时数为4812h，其中火电5138h。从全年运行情况看，发电机组非计划停运和出力受阻问题仍然存在，对电网电力平衡和安全稳定运行造成了一定影响。

京津唐电网电力供需平衡；河北南网电力供需偏紧，通过外购电力支援，保障了负荷高峰时期电力有序供应；山东电网由于加强了机组调度运行管理和外电入鲁通道运维等工作，电力供需基本平衡；山西电网电力供应富余；蒙西电网电力供需平衡有余。

9.2.2 华东电网

华东电网电力供需平衡。发电设备平均利用小时数为4979h，其中火电为5186h。

上海电网电力供需基本平衡；江苏电网夏季高峰期间电力供需处于弱平衡状态，7月高峰时段装机备用率仅为0.6%；浙江电网电力供需平衡；安徽电网电力供需平衡；福建电网电力供需平衡有余。

9.2.3 华中电网

华中电网电力供需平衡。发电设备利用小时数4252h，其中火电4529h。

河南电网电力供需基本平衡，濮阳、南阳、信阳3个地区在高峰期存在35万kW的缺口；湖北、湖南、江西电网由于用电需求增幅大幅放缓，几大流域来水丰沛，电煤供应形势较为宽松，电力供需平衡有余；四川电网电力供需总体平衡，在枯水期，受电源结构制约，省内发电量不能满足用电需求，存在部分电量缺口，靠外购电支援；重庆电网电力供需呈现“两头紧、中间松”的特征，在第一季度和第四季度，电力供需偏紧，通过多方组织外购电，全年电力供需基本平衡。

9.2.4 东北电网

东北电网电力供应富余。富余电力约1400万kW，发电设备利用小时数达到3758h，其中火电4385h。

辽宁电网电力供需平衡有余；吉林、蒙东和黑龙江电网富余电力较多，电力供大于求的矛盾突出。

9.2.5 西北电网

西北电网电力供应富余。富余电力约1100万kW，发电设备平均利用小时数为4719h，其中火电5284h。

陕西电网电力供需平衡有余，受德宝直流的运行方式影响，1—3月的电力供需基本平衡，其余月份均有不同程度的盈余；甘肃电网电力供需平衡有余；青海电网电力供应富余，但在冬季存在部分电量缺口，靠外购电支援；宁夏、新疆电网电力供应富余；西藏电网由于青藏直流的联网运行，电力供应能力明显增加，前三季度电力供需平衡，但第四季度由于采暖负荷增加和水电出力下降，电力供需紧张。

9.2.6 南方电网

南方电网电力供需平衡偏紧。发电设备平均利用小时数4287h，其中火电4810h。

第一季度，受来水偏枯及冰灾等因素影响，南方电网五省区电力供需紧张，均出现不同程度错峰限电；进入4月后，电力供需形势明显改善，广东电网电力供需平衡，云南电网电力供应富余，广西、贵州电网电力供需平衡有余，海南电网电力供需平衡。

10

2013 年电力供需形势预测

本 章 要 点

全国电力供需总体平衡，局部地区在部分时段可能出现电力供需偏紧，东北、西北地区电力供应富余程度加剧。2013 年，虽然电力需求增速有所回升，但由于需求增长仍较缓慢，加之电力供应能力增长快于电力需求增长，水电出力和电煤供应状况较好，预计全国电力供需总体平衡。分区域看，华北地区电力供需偏紧；华东、华中、南方地区电力供需平衡；东北、西北地区主要受负荷总体水平较低、装机增长较快、跨区电力外送通道能力不足及外送通道核准滞后于电源建设项目等因素影响，电力供应富余程度加剧，东北富余电力约 1700 万 kW，西北富余电力超过 1400 万 kW。

全国火电设备平均利用小时数持续下降，降幅有所减少。2013 年，预计全国全口径发电设备利用小时数将达到 4497h，比上年下降 75h；其中火电设备利用小时数将达到 4936h，比上年下降 29h。

迎峰度夏期间，省级电网电力供需缺口合计约为 500 万 kW；迎峰度冬期间，缺口合计约为 900 万 kW。2013 年，预计京津唐、浙江、重庆和广东电网可能会出现电力供需缺口。其中，京津唐电网夏季和冬季高峰可能出现 300 万 kW 的电力缺口；浙江电网夏季高峰期电力缺口达到 100 万 kW，冬季达到 400 万 kW 左右，如遇持续高温干旱天气、发电用天然气供应不稳定等，缺口有可能进一步扩大；重庆电网夏季高峰期电力缺口 100 万 kW，冬季高峰期缺口约 50 万 kW；广东电网冬季高峰期电力缺口 100 万～200 万 kW。

10.1　全国电力供需形势

按照如下边界条件对2013年全国及各地区电力电量平衡情况进行分析：

（1）年底全国发电装机容量达到12.4亿kW。

（2）全年全国电力需求比上年增长6.5%。

（3）各地区检修容量、受阻容量根据近年来的检修计划和来水、电煤供需情况考虑。

（4）各区域间、各省间输入/输出电力和电量按照往年交易执行情况和预计增长情况考虑。

（5）大电网（统调装机容量大于3000万kW的省级电网）负荷备用容量和事故备用容量合计按3%考虑，小电网（统调装机容量小于3000万kW的省级电网）按照5%考虑，风电考虑保证率5%～10%。

（6）水电按照平水年考虑，核电发电设备利用小时数按7800h考虑，风电发电设备利用小时数按2000h考虑。

2013年，预计全国全口径发电设备利用小时数将达到4497h，比上年下降75h；其中火电设备利用小时数将达到4936h，比上年下降29h。

综合来看，2013年，虽然电力需求增速有所回升，但由于需求增长仍较缓慢，加之电力供应能力增长快于电力需求增长，水电出力和电煤供应状况较好，全国电力供需总体平衡。分区域看，华北地区电力供需偏紧，华东、华中、南方地区电力供需平衡，东北、西北地区电力供应富余程度加剧。

10.2　分地区电力供需形势

10.2.1　华北电网

华北电网电力供需偏紧。预计年最大负荷18 248万kW（含蒙西），发生在夏季，比上年增长7.1%。

京津唐电网电力供需紧张，预计度夏、度冬期间正常情况下电力缺口均在300万kW左右；河北南网电力供需基本平衡，其中度冬期间平衡偏紧；山西电网电力供需富余，度夏期间富余电力400kW左右，度冬期间富余电力略有下降；山东电网电力供需平衡；蒙西电网富余，其中度冬期间富余电力约为700万kW。

10.2.2 华东电网

华东电网电力供需平衡。预计年最大负荷20 029万kW，发生在夏季，比上年增长8.5%左右。

上海电网考虑区外来电后，电力供需平衡；江苏电网电力供需平衡偏紧，其中度夏期间在未核准机组参与应急顶峰后才能实现电力供需脆弱平衡，度冬期间电力供需平衡；浙江电网电力供需紧张，其中度夏期间电力缺口100万kW左右，度冬期间缺口约为400万kW；安徽电网全年净送出电力维持在800万～900万kW，电力供需平衡；福建电网电力供需平衡有余，其中度夏期间电力盈余400万kW左右，度冬期间盈余约150万kW。

10.2.3 华中电网

华中电网电力供需平衡。预计全年最大负荷13 848万kW，发生在夏季，比上年增长6.3%左右。

河南电网电力供需偏紧，度夏期间的实际备用率仅为1%左右，度冬期间电力供需形势有所好转；湖北电网度夏、度冬期间电力供需均平衡；湖南电网电力供需平衡有余，度冬期间电力盈余略有上升；江西电网电力供需偏紧，度夏期间实际备用率不到1%，度冬期间电力供需基本平衡；四川电网电力供需平衡有余，度夏期间盈余电力400万kW左右、盈余电量22亿kW·h左右，度冬期间水电出力明显下降，加之省内煤矿停产导致火电出力下降，电力盈余有所减少，电量存在少量缺口，在外购电支援后可实现平衡；重庆电网电力供需紧张，度夏期间电力缺口为 100 万 kW 左右，度冬期间缺口为 50 万 kW左右。

10.2.4　东北电网

东北电网电力供应富余程度加剧。预计最大负荷 5084 万 kW，发生在冬季，比上年增长 6.2%左右；度夏、度冬期间富余电力均在 1700 万 kW 左右。

辽宁、吉林、黑龙江、蒙东电网度夏期间分别富余电力 500 万、500 万、400 万、350 万 kW 左右；度冬期间，辽宁、吉林富余电力有所下降，黑龙江和蒙东富余电力有所上升。

10.2.5　西北电网

西北电网电力供应富余程度加剧。预计最大负荷 6394 万 kW，发生在冬季，比上年增长 13.6%；度夏期间，富余电力 1400 万 kW 左右，度冬期间，随着新增电源的陆续投产，富余电力将进一步增加。

陕西电网电力供需平衡有余，度夏期间实际备用率约为 20%，度冬期间随着外送电力与省内负荷的上升，电力供需平衡；甘肃电网电力供应富余，度夏、度冬期间均富余电力 500 万 kW 左右；青海电网度夏、度冬期间电力供应均富余，富余电力约 150 万 kW，但由于青海电网水电装机比重较高，全年多数月份均存在电量缺口，需在外购电支援后才能实现平衡；宁夏电网电力供需平衡有余，度夏期间实际备用率为 17%左右，度冬期间随着新增装机的投产，电力盈余有所增加；新疆电网电力供应富余，度夏期间富余电力 500 万 kW 左右，度冬期间随着新增装机的投产，电力富余程度将进一步上升；西藏电网电力供需平衡偏紧，其中度夏期间电力供需平衡，度冬期间由于水电出力下降较多，电力供需偏紧。

10.2.6 南方电网

南方电网电力供需平衡。预计最大负荷12 689万kW，发生在夏季，比上年增长6.0%左右。

广东电网电力供需基本平衡，其中度夏期间电力供需基本平衡，度冬期间由于西电东送电力减少，电力供需可能偏紧，缺口为100万～200万kW；云南电网电力供应富余；广西电网电力供需平衡有余，其中度夏期间由于火电机组集中脱硝改造，高峰时段电力供需为弱平衡；贵州电网电力供需平衡有余；海南电网受负荷增长较快，电力供需平衡偏紧。

第 5 篇
专题研究篇

11

华东地区电力供需分析

本 章 要 点

2012 年，华东地区用电增速回落幅度较大，发电装机稳步增加，区外来电快速增长，全区电力供需平衡。全区用电比上年增长 5.3%，增速同比下降 5.3 个百分点；新增装机 1275 万 kW，其中新增火电机组 1137 万 kW；年底总装机容量达到 2.34 亿 kW，比上年增长 7.5%；接受区外来电 680 亿 kW·h，比上年增长 37.5%；全区电力供需平衡，其中上海电力供需基本平衡，江苏电力供需为弱平衡，浙江、安徽电力供需平衡，福建电力供需平衡有余。

2012 年，安徽、江苏用电增长依然较快，这对未来华东地区用电保持稳定增长有较好的支撑作用。安徽在中部崛起和皖江城市带开发的带动下，用电总体呈平稳快速增长态势，“十一五”以来的增速均超过 10%，2012 年增速为 11.5%；江苏由于苏中、苏北地区经济发展潜力较大、发展速度较快，全省用电保持较快增长，2012 年增速为 7.0%。

2013 年，华东电力需求增长有所回升，装机规模保持平稳增长，跨区输电能力显著增强。预计华东地区全社会用电量将达到 12 772亿 kW·h，比上年增长 5.7%，增速同比提高 0.4 个百分点；新增装机 1231 万 kW，其中火电 907 万 kW，年底发电装机容量为 2.45 亿 kW，比上年增长 5.0%；淮沪±1000kV 特高压交流输电示范工程第四季度正式投产，皖电东送能力明显提高。

2013 年，华东地区电力供需平衡，部分地区负荷高峰期电力供需偏紧。预计上海电力供需基本平衡；江苏夏季高峰期电力供需呈弱平衡；浙江夏季高峰期电力缺口约 100 万 kW，冬季高峰期达到 400 万 kW 左右；安徽电力供需平衡；福建电力供需平衡有余。

11.1 2012年电力供需回顾

11.1.1 电力消费

华东用电量占全国的1/4，增速与全国平均水平基本持平。2012年，华东地区全社会用电量实现12 086亿kW·h，占全国总量的24.4%；用电比上年增长5.3%，略低于全国平均水平0.2个百分点；增速同比下降5.3个百分点，主要是受国内经济增速下滑、国际经济萎靡导致外贸形势不振及劳动密集型企业向西部转移等因素影响，工业生产及用电增速大幅下滑。

分省（市）来看，安徽用电增长最快，增速达到11.5%；其次是江苏和福建，分别增长7.0%、4.2%；上海、浙江用电增速相对落后，分别为1.0%、3.0%。

第三产业及居民生活用电快速增长，第二产业用电增速明显回落。分产业来看，第一产业、第三产业及居民生活用电分别增长12.9%、10.5%、12.0%，增速同比下降2.8、2.4个百分点和提高4.0个百分点；其中，第一产业用电快速增长的原因是梅雨期间长江中下游来水偏少导致排灌用电大幅增加，居民生活用电加速增长主要是受冬季气温偏低、夏季气温偏高的影响。第二产业用电增长3.3%，增速同比大幅回落7.3个百分点，外贸形势严峻和国内经济疲软是主要原因。

第二产业用电比重有所下降，第三产业、居民生活用电比重上升。由于用电增速回落明显，华东地区第二产业用电量占全社会用电量的比重下降1.4个百分点，为73.7%，与全国平均水平基本持平略低；第三产业、居民生活用电比重分别达到12.5%、12.9%，比上年分别上升0.6、0.8个百分点。

分省（市）来看，江苏、浙江第二产业用电比重最高，分别为

78.7%、76.3%，高于全国平均水平；安徽、福建分别为71.4%、68.7%；上海第二产业用电比重最低，为59.0%。

信息传输/计算机服务和软件业、商业/住宿和餐饮业、金融/房地产/商务及居民服务业增长相对较快，工业用电增长缓慢。八大行业中，工业用电增速最低，仅有3.3%，其中轻工业增长5.6%，重工业增长2.4%。信息传输/计算机服务和软件业、商业/住宿和餐饮业、金融/房地产/商务及居民服务业用电分别增长14.1%、11.1%、11.5%，增长相对较快。

四大高耗能行业，除化工行业用电增速相对较高以外，其余行业用电均增长缓慢，高耗能工业比重持续降低。四大高耗能行业合计用电量2537亿kW·h，比上年增长2.4%，低于全社会用电和工业用电增速2.9、0.9个百分点，占全社会用电量的比重由2011年的21.6%降至2012年的21.0%。其中，化工行业用电增长8.3%，增速相对较高；建材、黑色金属、有色金属行业用电增速较低，分别为1.3%、−0.3%、−2.1%。

统调负荷增速略低于统调用电量水平。2012年，华东电网统调最大用电负荷为18 454万kW（发生在7月30日14时15分），比上年增长4.8%，增幅较上年降低1.2个百分点。其中，2月受寒冷气候影响，负荷增长较快，达15%；12月最高负荷16 842.5万kW（12月26日），比上年同期增长10.1%。2012年，华东统调用电量完成11 234亿kW·h，比上年增长4.9%，增幅较上年回落5.9个百分点。

11.1.2 电力供应

（一）发电装机

新增装机中火电占了绝大多数，主要集中于江苏、安徽两省。2012年，华东地区合计新增装机1275万kW，占全国新增装机的

15.9%。其中，新增火电机组 1137 万 kW，占 89.2%。

分省（市）来看，江苏、安徽新投机组规模较大，分别为 594 万、349 万 kW，合计占全区规模的 74.0%；上海、浙江、福建新增装机容量分别为 42.5 万、152.5 万、137 万 kW，分别占全区规模的 3.3%、12.0%、10.7%。

华东电网装机比重低于用电量比重。2012 年底，华东电网全口径装机容量达到 23 357 万 kW，占全国总装机容量的 20.4%，该比重低于全社会用电量比重 4 个百分点，上海、江苏、浙江等长三角地区冬、夏负荷高峰期间需要通过外部受电以保证电力的可靠供应。

（二）发电量

火电发电量增长缓慢，水电发电量大幅增长。2012 年，华东地区发电量 11536 亿 kW·h，比上年增长 5.0%。其中，受下游需求增长缓慢及外部受电快速增长的影响，火电发电量实现 10 052 亿 kW·h，比上年增长 0.6%；水电 890 亿 kW·h，比上年增长 84.7%，主要原因是来水情况较好；核电 508 亿 kW·h，比上年增长 13.7%，风电及其他 86 亿 kW·h，比上年增长 37.2%。

（三）电网建设及电力电量交换

2012 年，华东电网新增变电容量 8180 万 kV·A，送电线路 37 964km。其中，500kV 以上电压等级项目新增变电容量 2520 万 kV·A，送电线路 3181.19km，分别占 30.8%、8.4%。

区外来电快速增长，对负荷高峰时段华东地区的电力供需平衡起到了积极的作用。2012 年，华东电网接受区外来电 680 亿 kW·h，比上年增长 37.5%，其中，葛南线输入 52 亿 kW·h；阳城输入 170 亿 kW·h；三峡输入江苏 93 亿 kW·h；三峡输入上海 116 亿kW·h；复奉线输入上海 138 亿 kW·h；华中输入上海 66 亿 kW·h；四川输入江苏 45 亿 kW·h。

11.1.3 电力供需形势

2012年，世界经济持续低迷，华东作为外向型经济程度较高的地区受到的影响更加显著；同时国内经济增速下滑，加之原材料、人力资源价格不断上涨，华东地区的劳动密集型企业开始向中、西部地区转移，导致电力需求增长乏力。另外，区外受电保持高速增长，华东电网电力供需形势总体平衡，全年无拉限电情况发生。

火电利用小时数下降，水电利用小时数明显增加。2012年，华东全网发电设备平均利用小时数为4979h，比上年减少115h，其中火电利用小时数5186h，比上年减少283h；来水情况较好，水电利用小时数3037h，比上年增加1006h。

其中，上海电网在产业转型及经济增速下滑的影响下，需求增长缓慢，全年未出现因电力供应不足导致的供电缺口。

江苏电网负荷高峰时段，在不考虑未核准机组顶峰的情况下实际备用率仅有0.6%，电力供需呈弱平衡。

浙江电网由于外贸需求大幅下滑、国内经济增长疲软及夏季连续出现的降雨和台风天气造成气温整体不高，电力需求增速明显下降，全省电力供需基本平衡，未发生拉闸限电情况。

安徽电网电力供需总体平衡，未出现拉闸限电情况。其中，迎峰度夏期间由于遭遇近10年来罕见的持续大范围高温天气，部分时段电网旋转备用容量略有不足。

福建电网由于来水偏丰，水电发电量比上年大幅增加，再加上8月受持续台风天气影响，气温总体下降，全年电力供需平衡有余。

11.2 2013年电力供需预测

11.2.1 电力需求

经济和用电仍将保持稳定增长。2013年，华东地区基础设施建设仍将保持较大规模。高速铁路、城际铁路、机场和港口建设将成为新一轮的建设重点；同时区域经济发展的不同步性使得华东重工业发展存在相当的区内转移和自调节空间，从而保证了短时期内华东经济和用电的稳定增长。

产业结构升级促使第二产业用电比重下降。华东四省一市发展规划总体思路中均将发展新材料、新能源、绿色产业、创意产业等战略型新兴产业和加快产业结构优化升级列为“十二五”期间的重要任务之一。同时，对高耗能行业的限制政策也愈加严厉，部分企业开始向西部地区转移。预计未来一段时间华东第二产业增加值比重仍将继续提高，但在产业升级和高耗能企业外迁的影响下，用电比重将趋于下降。

节能减排抑制高耗能行业用电增长。目前，华东地区纺织业、黑色金属、建材、化工等高耗能行业已经受到了来自多方位的政策限制，加之经济发展的不确定性影响，重点行业用电需求增长的势头将逐渐减缓。

综合以上趋势判断，预计 2013 年华东地区全社会用电量将达到 12 772 亿 kW·h，比上年增长 5.7%，增速同比上升 0.4 个百分点；统调最高负荷为 20 029 万 kW，比上年增长 8.5%，增速同比上升 3.7 个百分点。其中，第二产业用电量比重将有所下降，增速将略低于全社会用电量水平。

11.2.2 电力供应

电源建设有序推进。根据电网项目年度开工、投产计划，预计 2013 年华东地区投产装机规模 1231 万 kW，其中水电 85 万 kW、火电 907 万 kW（含气电 224 万 kW）、核电 109 万 kW、风电 125 万 kW。年底装机容量达到 24 525 万 kW，同比增长 5.0%。

皖电东送工程稳步推进。淮沪±1000kV 特高压交流输电示范工程将于2013年第四季度正式投产，建成后将显著增强皖电东送能力，保障华东地区电力供应，提高资源优化配置能力。

11.2.3 电力供需形势

2013年华东地区电力供需平衡，其中夏季用电高峰华东电网统调最大电力需求预计将达到20 029万kW，夏季高峰期间基本不考虑检修，综合考虑受阻及区外来电情况，按3%考虑备用容量后，夏季高峰华东电网可以满足最高负荷要求。

考虑区外来电后，预计上海电网电力供需平衡。

江苏电网电力供需平衡偏紧，未核准机组参与应急顶峰后，预计江苏电网在迎峰度夏期间可以保持电力供需的脆弱平衡。

浙江电网电力供需紧张，预计迎峰度夏期间电力缺口约为100万kW，冬季达到400万kW左右。如遇持续高温干旱天气、发电用天然气供应不稳定等，缺口有可能进一步扩大。

安徽电网在净送出电力超过900万kW以后，电力供需总体平衡。

福建电网由于来水较好、装机容量充足、电力供需平衡有余，预计度夏期间电力盈余400万kW左右，度冬期间盈余约150万kW。

12

东北地区电力供需分析

本 章 要 点

2012 年，东北地区用电增长缓慢，发电装机增长较快，电力供应富余较多。全区全社会用电量比上年增长 3.1%，增速低于全国平均水平 2.4 个百分点；新增装机容量 788 万 kW，其中风电占 39.5%；截至 2012 年底，全区总装机容量 1.05 亿 kW，比上年增长 6.1%，其中风电占 17.4%，比上年上升约 2.1 个百分点；全年火电机组平均利用小时数 4385h，比上年减少 199h，全区电力供应富余容量约 1400 万 kW。

2013 年，东北地区电力需求增长有所回升，但增速仍然较低，发电装机保持较快增长，风电比重持续上升。预计全区全社会用电量比上年增长 5.1%；新投产机组容量为 915 万 kW，其中风电所占比重为 35.4%，截至 2013 年底，全区总装机容量 1.14 亿 kW，比上年增长 8.2%，其中风电装机容量占 18.8%，比 2012 年上升约 1.4 个百分点。

2013 年，东北地区电力供应富余程度加剧，富余容量约 1700 万 kW。预计辽宁和吉林均富余约 500 万 kW，黑龙江富余约 400 万 kW，蒙东富余约 350 万 kW；辽宁、吉林、黑龙江和蒙东火电设备平均利用小时数分别为 4534、3586、4446、4097h。

近年来，东北地区电力供应富余程度呈逐渐扩大趋势。2005—2006 年，东北地区电力供需呈“南紧北松”的局面，全网电力供需平衡偏紧；2007—2008 年，全网电力供需平衡有余；2009 年以后，东北地区电力供需开始出现较明显的供大于求的局面，当年电力富余约 1000 万 kW，在之后的几年里，电力富余程度进一步扩大。

12.1 2012年电力供需回顾

12.1.1 电力消费

全社会用电量增长缓慢，增速低于全国平均水平。2012年，东北地区全社会用电量实现3733亿kW·h，比上年增长3.1%，低于全国平均水平2.4个百分点，增速同比下降5.6个百分点，主要原因是国内经济增速下滑，工业用电增长明显放缓。分地区电网来看，蒙东电网用电增长最快，增速达到13.0%，增速同比下降4.2个百分点；辽宁、吉林和黑龙江电网用电增长非常缓慢，增速分别为2.1%、1.1%和3.3%，增速同比分别下降6.5、8.1、4.0个百分点。

2005—2012年，除2008年以外，其余年份东北地区用电增速均比全国平均水平低1.9个百分点以上。2005—2012年东北地区全社会用电量增长情况如图12-1所示。

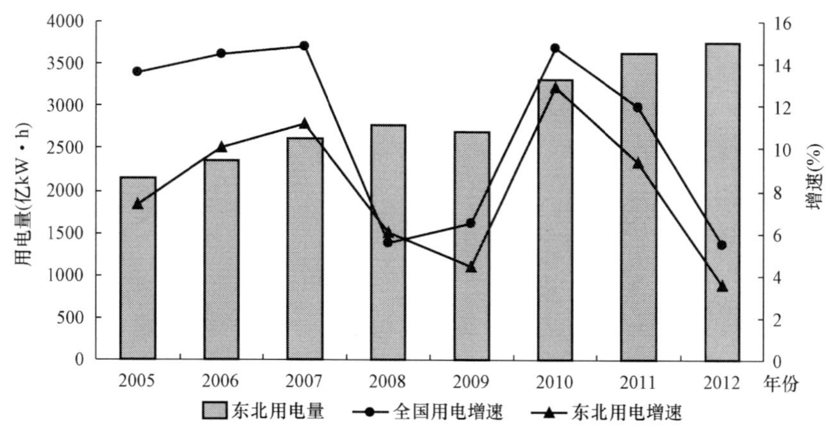

图12-1 2005—2012年东北地区全社会用电量增长情况

第二产业和居民生活用电增速明显回落。分产业来看，2012年，东北地区三次产业和居民生活用电比上年分别增长14.3%、1.7%、

11.0%和3.4%，第一产业用电增速同比上升3.9个百分点，第三产业用电增速与上年基本持平，第二产业和居民生活用电增速同比分别下降7.5、5.4个百分点；三次产业和居民生活用电占全社会用电量的比重分别为2.2%、72.9%、11.3%、13.2%。

工业用电增速低于全社会平均水平，重工业用电比重和增速均高于轻工业。2012年，东北地区工业用电量为2698亿kW·h，比上年增长2.0%，增速同比下降5个百分点，工业用电量占全社会用电量的比重为72.0%，工业用电量增长放缓是全社会用电量速度下降的主要原因。其中，轻工业用电量比上年下降1.8%，重工业用电量比上年增长2.4%，轻、重工业用电量占工业用电量的比重分别为8.8%和91.2%。

2006—2012年，东北地区重工业用电增速一直高于轻工业，而且重工业用电增速与工业用电增速极为相似，重工业是带动整个工业用电发生变化的决定性因素。2005—2012年东北地区工业用电量增长情况如图12-2所示。

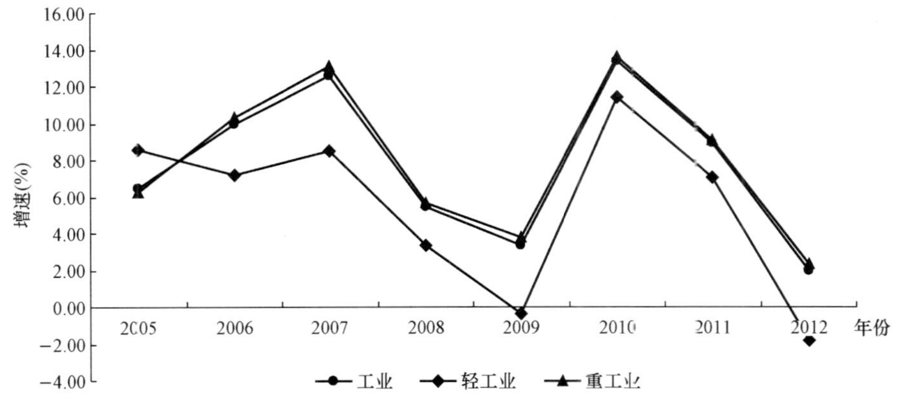

图12-2 2005—2012年东北地区工业用电量增长情况

高耗能行业用电增长缓慢，用电比重持续降低。2012年，黑色金属、有色金属、化工和非金属四大高耗能行业用电量合计698.4亿kW·h，比上年增长0.8%，占全社会用电量的比重为28.2%。四大高耗能行业中，有色金属行业用电增长快速，增速达到23.9%；化工行业用电呈现小幅增长，增速为3.7%；黑色金属和非金属加工业用电出现负增长，增速分别为-5.3%和-3.9%。

负荷增速高于用电增速。主要受气温偏低影响，2012年东北电网用电最大负荷为4785万kW，比上年增加7.0%，出现在12月，负荷增速高于用电增速约3.9个百分点。2005—2012年期间，东北电网只在2009年和2012年的负荷增速高于用电增速，其余年均的负荷增速均低于用电增速。2005—2012年东北电网用电负荷增长情况如图12-3所示。

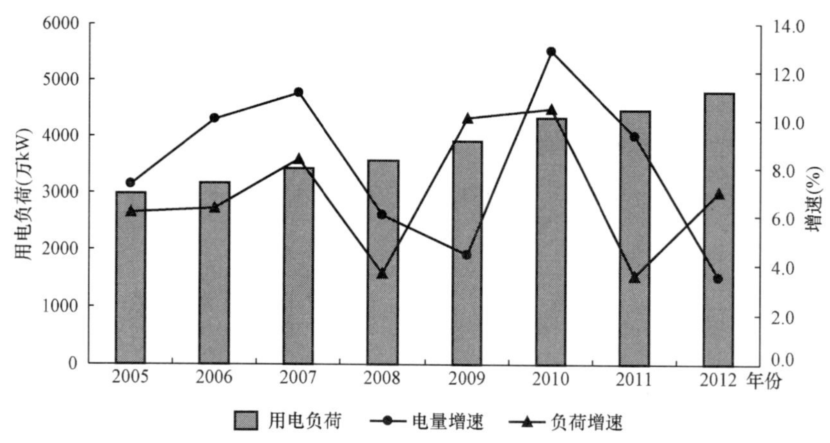

图12-3 2005—2012年东北电网用电负荷增长情况

12.1.2 电力供应

（一）发电装机

新增装机中火电、风电占了绝大多数，主要集中于辽宁和蒙东。2012年，东北地区新增装机容量为788万kW，占全国新增装机的9.8%。其中，新增火电机组336万kW，占42.7%；新增风电311

万 kW，占 39.5%；新增水电 134 万 kW，占 17.0%。

区域内，辽宁新投机组规模较大，为 475 万 kW，占区内全部新增容量的 60.3%；蒙东、黑龙江和吉林新增装机容量分别为 135 万、93 万、85 万 kW，分别占全区规模的 17.1%、11.8%、10.8%。

2012 年东北地区新增装机构成如图 12－4 所示。

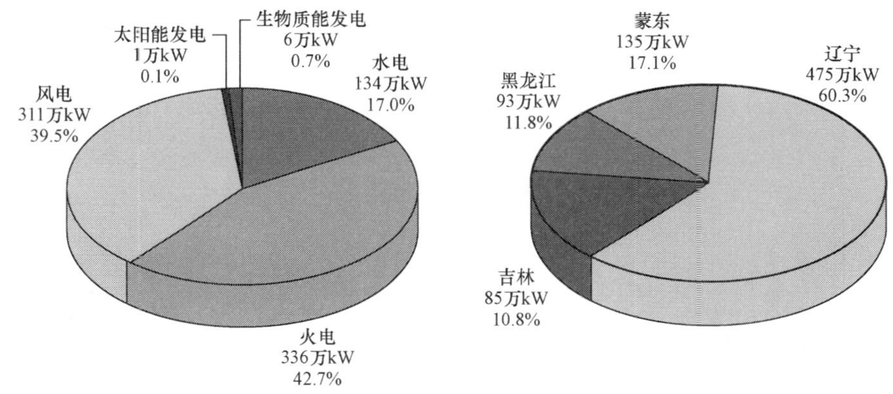

图 12－4　2012 年东北地区新增装机构成

总装机容量增速快于全社会用电增速，风电装机比重持续上升。2012 年东北地区总装机容量 10 529 万 kW，比上年增长 6.1%，高出全社会用电增速约 3 个百分点。其中，水电装机容量 844 万 kW，占 8%，比重上升约 0.9 个百分点；火电装机容量 7846 万 kW，占 74.5%，比重下降约 3 个百分点；风电装机容量 1832 万 kW，占 17.4%，比重上升约 2.1 个百分点；其他装机容量 7 万 kW。

区域内，辽宁、吉林、黑龙江和蒙东的发电装机容量所占比重分别为 36.2%、22.8%、20.6%和 20.4%。

2012 年东北地区总装机构成如图 12－5 所示。

（二）发电量

发电量缓慢增长。2012 年东北地区发电量 3834 亿 kW・h，比上

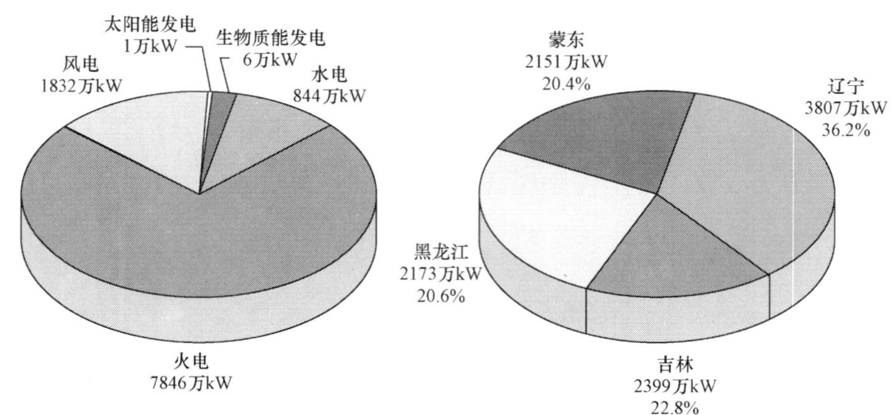

图12-5 2012年东北地区总装机构成

年增长3.11%。其中，水电发电量168亿kW·h，比上年增长21.6%；火电发电量3388亿kW·h，比上年增长1.4%；风电发电量277亿kW·h，比上年增长16.48%。2012年各类型机组发电量比重如图12-6所示。

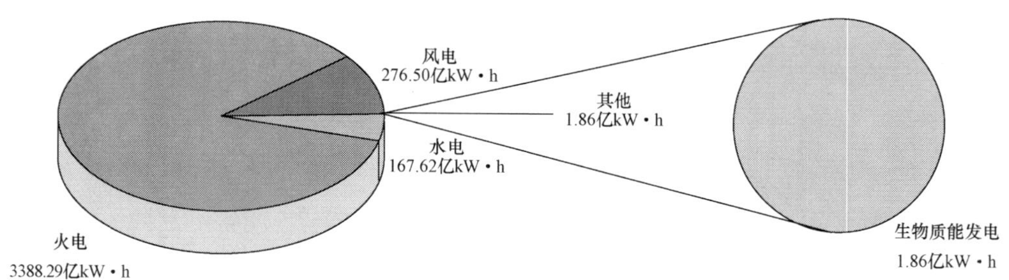

图12-6 2012年各类型机组发电量比重

（三）电网建设

东北电网重点任务是优化电网网架结构，解决电力电量消纳问题。辽宁电网共有500kV变电站23座，总容量3729.6万kV·A；220kV变电站234座，总容量6769.3万kV·A；500kV交流输电线路76条，总长度6671km；220kV交流输电线路610条，总长度

14 692km。黑龙江电网共有500kV变电站16座，总容量1216.6万kV·A；220kV变电站111座，总容量为2337.9万kV·A；500kV线路34条，总长度为5033km；220kV线路298条，总长度为12 296km。蒙东电网共有500kV变电站6座，总容量900万kV·A；220kV变电站45座，总容量813万kV·A；500kV输电线路28条，总长度3261km。

（四）跨区跨省输电

电力电量交换较快增长。2012年，东北地区外送电量109.64亿kW·h，比上年增长8.77%。其中，送华北电量109.26亿kW·h，比上年增长8.39%，送华北电力242万kW，比上年大幅增长59.2%；送朝鲜电量0.38亿kW·h，比上年增长8.33%。受入电量183.32亿kW·h，比上年增长14.24%。其中，俄罗斯输入电量8.16亿kW·h，比上年增长111.1%；锡盟—蒙东输入电量47.52亿kW·h，比上年增长5.08%。

辽宁电网省间联络线由辽吉断面、科沙断面、赤峰送电断面、伊穆直流送电系统及高岭直流背靠背系统组成。在东北送华北的方式下，辽吉断面南送潮流不大于350万kW，辽吉断面与伊穆直流送电之和不大于570万kW；在华北送东北方式下，辽吉断面南送潮流不大于300万kW，辽吉断面与伊穆直流送电之和不大于520万kW。

12.1.3 电力供需形势

东北地区电力供应富余。发电设备利用小时数3758h，比上年减少230h，其中，火电机组4385h，比上年减少199h；水电机组2139h，比上年增加178h；风电机组1643h，比上年减少149h。

辽宁电网整体供需平衡有余。尖峰备用充足，扣除风电后的平均旋转备用达到200万kW。随着风电装机的快速增长，在电力需求不旺、增速滞缓的情况下，电网调峰矛盾突出。

吉林电网由于电力供应能力的较快增长和电力需求市场不景气的双重作用，发电机组富余容量进一步增加，供大于求矛盾仍然突出。

黑龙江电网发电容量富余较多，发电机组平均利用小时数比上年减少103h，虽然夏季安排最大检修容量208万kW，但没有影响到运行和正常备用。

蒙东地区随着装机和发电能力的稳步增长，辽宁等外送市场增长缓慢，供大于需的矛盾更加突出。

综合考虑各类机组的检修、受阻、空闲、负荷备用容量、机组平均利用小时数及外送电力等因素后测算，2012年东北地区电力富余达到1400万kW左右。

12.2 2013年电力供需预测

12.2.1 电力需求

2013年，东北经济在保持平稳较快发展的同时更加注重产业转型升级，主要包括大力发展先进装备制造业和特色轻纺工业，优化发展原材料工业，积极发展对东北振兴有重大引领带动作用的高端装备制造、新能源、新材料、生物、新能源汽车、节能环保和新一代信息技术等产业，发展生产性服务业。与此同时，制约东北经济发展的体制性、机制性、结构性矛盾依然存在，如国企改革、促进中小企业发展的体制机制，以及区域内部、城乡之间、产业之间的结构性问题等。

从重点行业来看，由于受产业结构优化调整等因素影响，东北地区黑色金属冶炼及压延加工业用电增长将明显放缓；受房地产行业不景气等因素影响，包括水泥在内的非金属矿物制品业用电增速将放缓；化学行业、有色金属行业用电也将维持较低的速度。在东北振兴战略的带动下，装备制造业用电增长将提速。

电力需求增长有所回升，但增速仍然较低。综合以上分析，结合近年来东北地区用电量增长趋势，采用多种方法预测，2013年东北地区全社会用电量约为3924亿kW·h，比上年增长5.1%。其中，辽宁、吉林、黑龙江和蒙东地区全社会用电量分别为1996亿、658亿、869亿、402亿kW·h，比上年分别增长5.0%、3.3%、4.9%、9.1%。预计2013年东北地区统调最大负荷约为5084万kW，比上年增长6.2%。其中，辽宁、吉林、黑龙江和蒙东地区统调最大负荷分别为2353万、1020万、1020万、445万kW，比上年分别增长6.0%、5.8%、6.5%、10.5%。

12.2.2 电力供应

（一）电源装机

新增发电装机规模比上年扩大。2013年，预计东北地区新投产机组容量为915万kW，其中水电7万kW，火电368万kW，核电200万kW，风电324万kW。

分地区看，辽宁投产机组容量为359万kW，其中火电79万kW，核电200万kW，风电80万kW；吉林投产机组容量为181万kW，其中水电7万kW，火电85万kW，风电77万kW；黑龙江投产机组容量为111万kW，其中火电41万kW，风电70万kW；蒙东投产机组容量为263万kW，其中火电162万kW，风电98万kW。

预计2013年东北地区新增装机构成如图12-7所示。

发电装机增速高于用电增速，风电装机比重持续上升。截至2013年底，预计东北地区总装机容量可达11 444万kW，其中水电844万kW，火电7846万kW，核电200万kW，风电1832万kW。分地区看，辽宁机组容量为4166万kW，其中水电272万kW，火电3138万kW，核电200万kW，风电556万kW；吉林机组容量为

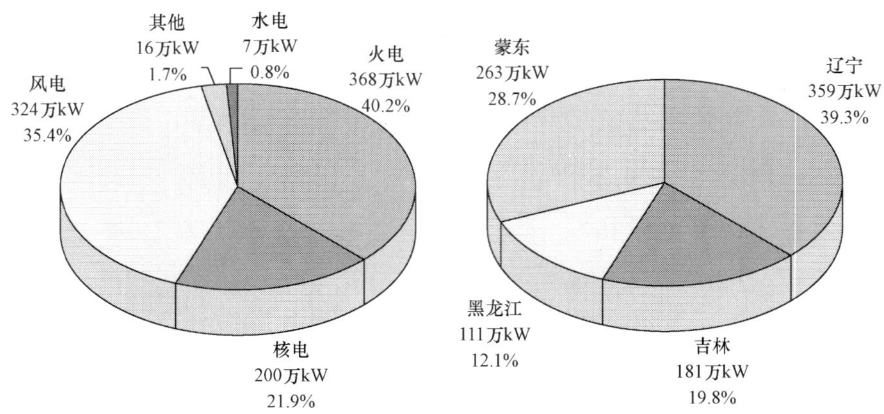

图12-7 2013年东北地区新增装机构成

2580万kW，其中水电449万kW，火电1711万kW，风电407万kW；黑龙江机组容量为2284万kW，其中水电98万kW，火电1794万kW，风电393万kW；蒙东机组容量为2414万kW，其中水电33万kW，火电1572万kW，风电801万kW。

（二）跨区跨省电力电量交换

跨区电力外送能力有所提高。2012年底，东北华北第二通道建成投产，2013年东北向华北送电比2012年送电水平有所增加，预计达到187亿kW·h左右，最大外送能力将达到300万kW。

预计辽宁电网联络线受入电量合计456亿kW·h。

预计黑龙江电网向东北电网净送出电量20亿kW·h，向俄罗斯购电量13亿kW·h。伊穆直流工程投产运行后，系统运行方式更加复杂，吉黑省间断面外送情况与直流系统运行联系紧密。正常运行时，吉黑省间联络线南送电力不大于300万kW，吉黑省间联络线南送电力与伊穆直流南送电力之和不大于520万kW。吉黑省间外送能力严重影响省内机组电力外送，随着蒙东机组的快速投产，通过500kV伊冯甲乙线送入黑龙江电网的最大电力达到205万kW左右，加之对俄购电的最大电力为 75.0 万 kW，目前吉黑省间（交流系统）外送能力仅为 300 万 kW，将造成黑龙江电网机组没有外送的空间，从而造成黑龙江电网机组利用小时数严重降低。

12.2.3 电力供需形势

东北地区电力供应富余程度加剧。根据电力平衡计算结果，预计东北电网实际备用率达到 50%以上，富余电力在 1700 万 kW 左右。冬季由于供热机组和风电机组容量过大，电网调峰十分困难，弃风难以避免。

辽宁电网在不发生机组大规模临检及严重缺煤停机等极端情况下，电力供应富余。预计富余容量将在 500 万 kW 左右。随着新增供热机组不断并网，再加上辽宁电网大规模风电陆续投运，辽宁电网供需主要矛盾将是低谷调峰问题。预计发电机组平均利用小时数将达到 4003h，比上年降低 115h，其中火电机组平均利用小时数将达到 4534h，比上年降低 24h。

吉林电网电力供应富余较多，存在的主要问题是季节性风电的不确定性对电力电量平衡影响很大，电网调峰矛盾加剧。预计富余容量将在 500 万 kW 左右；发电机组平均利用小时数将达到 2971h，比上年降低 138h，其中火电机组平均利用小时数将达到 3586h，比上年降低 228h。

黑龙江电网电力供应富余较多。预计富余容量将在 400 万 kW 左右；发电机组平均利用小时数将达到 3910h，比上年降低 53h，其中火电机组平均利用小时数将达到 4446h，比上年增长 9h。

蒙东电网电力供应富余较多。随着辽宁红沿河核电投运和购俄电计划，辽宁地区用电市场对蒙东电力需求减少，蒙东电网仍将延续供大于求的电力市场形势。预计富余容量在 350 万 kW 左右；发电机组平均利用小时数将达到 3342h，比上年降低 253h，其中火电机组平均利用小时数将达到 4097h，比上年降低 466h。

近年来，东北地区电力供应富余程度呈逐渐扩大趋势。2005 年以来东北电网统调最高用电负荷与全口径发电装机容量的对比如图 12-8 所示（其中，2013 年为预测数据）。2005—2013 年东北电网统调最高用电负荷从 2959 万 kW 增加到 5082 万 kW，全口径发电装机容量从 4424 万 kW 增加到 11 444 万 kW（其中，2013 年风电装机容量为 2156 万 kW）。根据电力电量平衡测算结果，“十一五”以来，东北地区电力供需形势从“平衡偏紧”逐渐转变为“富余”。2005—2006 年，东北地区电力供需呈“南紧北松”的局面，全网电力供需平衡偏紧。其中，辽宁电网受缺煤停机、电网卡脖子等因素影响，电力供应紧张；吉林电力供需基本平衡，黑龙江电力富余。2007—2008 年，东北地区电力供需形势有所好转，全网电力供需平衡有余。其中，辽宁电网电力供需基本平衡；吉林和黑龙江电网电力供应富余。2009 年以来，东北地区电力供需开始出现较明显的供大于求的局面，当年电力富余约 1000 万 kW，在之后的几年里，电力富余程度进一步扩大。

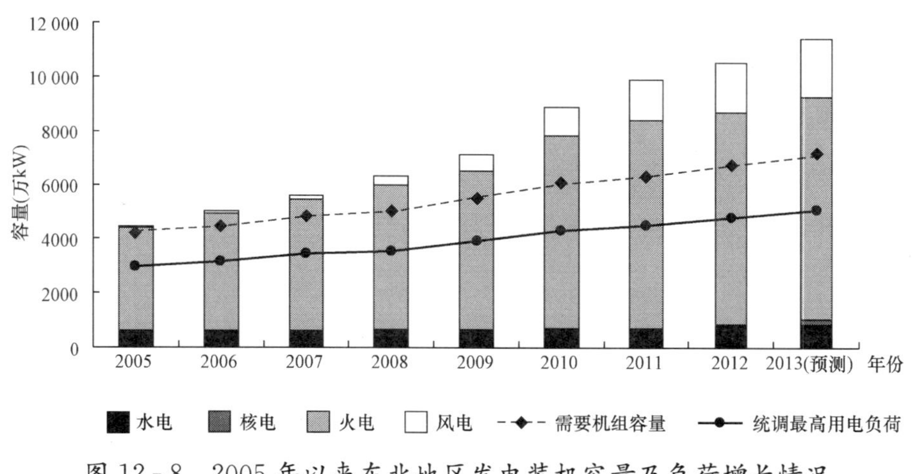

图 12-8 2005 年以来东北地区发电装机容量及负荷增长情况

附录　全国及各地区电力经济数据

附表 1　　全国及各省（区、市）国民生产总值　亿元（当年价）

年份	1990	1995	2000	2005	2007	2008	2009	2010	2011	2012
全国	18 668	60 794	99 215	184 937	265 810	314 045	340 903	401 513	472 882	519 322
北京	501	1395	3161	6970	9847	11 115	12 153	14 114	16 252	17 801
天津	311	920	1702	3906	5253	6719	7522	9225	11 307	12 885
河北	896	2850	5044	10 012	13 607	16 012	17 235	20 394	24 516	26 575
山西	429	1092	1846	4231	6024	7315	7358	9201	11 238	12 113
内蒙古	319	833	1539	3905	6423	8496	9 740	11 672	14 360	15 988
辽宁	1063	2793	4669	8047	11 164	13 669	15 212	18 457	22 227	24 801
吉林	425	1129	1952	3620	5285	6426	7279	8668	10 569	11 938
黑龙江	715	2015	3151	5514	7104	8314	8587	10 369	12 582	13 692
上海	756	2463	4771	9248	12 494	14 070	15 046	17 166	19 196	20 101
江苏	1417	5155	8554	18 599	26 018	30 982	34 457	41 426	49 110	54 058
浙江	898	3525	6141	13 418	18 754	21 463	22 990	27 722	32 319	34 606
安徽	658	2004	2902	5350	7361	8852	10 063	12 359	15 301	17 212
福建	523	2161	3765	6555	9249	10 823	12 237	14 737	17 560	19 702
江西	420	1205	2003	4057	5800	6971	7655	9451	11 703	12 949
山东	1511	5002	8337	18 367	25 777	30 933	33 897	39 170	45 362	50 013
河南	935	3003	5053	10 587	15 012	18 019	19 480	23 092	26 931	29 810
湖北	824	2391	3545	6590	9333	11 329	12 961	15 968	19 632	22 250
湖南	744	2196	3551	6596	9440	11 555	13 060	16 038	19 670	22 154
广东	1472	5382	10 741	22 557	31 777	36 797	39 483	46 013	53 210	57 068
广西	449	1498	2080	3984	5823	7021	7759	9570	11 721	13 031

续表

年份	1990	1995	2000	2005	2007	2008	2009	2010	2011	2012
海南	102	364	527	898	1254	1503	1654	2065	2523	2855
重庆	298	1009	1603	3468	4676	5794	6530	7926	10 011	11 459
四川	1186	3534	3928	7385	10 562	12 601	14 151	17 186	21 027	23 850
贵州	260	630	1030	2005	2884	3562	3913	4602	5702	6802
云南	452	1207	2011	3462	4773	5692	6170	7224	8893	10 310
西藏	24	56	118	249	341	395	441	508	606	696
陕西	404	1000	1804	3934	5757	7315	8170	10 124	12 512	14 451
甘肃	243	553	1053	1934	2702	3167	3388	4121	5020	5650
青海	70	165	264	543	797	1019	1081	1350	1670	1885
宁夏	65	170	295	613	919	1204	1353	1690	2102	2327
新疆	274	825	1364	2604	3523	4183	4277	5438	6610	7466

数据来源：统计局；国家电网公司电力供需研究实验室（简称电力供需实验室）数据库。

附表 2　　全国及各省（区、市）国内生产总值指数

年份	1990	1995	2000	2005	2007	2008	2009	2010	2011	2012
全国	103.8	110.5	108.4	111.3	114.2	109.6	109.2	110.4	109.2	107.8
北京	105.4	112.4	111.8	112.1	114.5	109.1	110.2	110.3	108.1	107.7
天津	105.4	114.9	110.8	114.9	115.5	116.5	116.5	117.4	116.4	113.8
河北	105.8	113.9	109.5	113.4	112.8	110.1	110.0	112.2	111.3	109.6
山西	105.0	110.5	109.4	113.5	115.9	108.5	105.4	113.9	113.0	110.1
内蒙古	107.5	109.1	110.8	123.8	119.2	117.8	116.9	115.0	114.3	111.7
辽宁	100.9	107.1	108.9	112.7	115.0	113.4	113.1	114.2	112.2	109.5
吉林	103.4	109.7	109.2	112.1	116.1	116.0	113.6	113.8	113.8	112.0
黑龙江	105.8	109.6	108.2	111.6	112.0	111.8	111.4	112.7	112.3	110.0
上海	103.5	114.1	111.0	111.4	115.2	109.7	108.2	110.3	108.2	107.5

续表

年份	1990	1995	2000	2005	2007	2008	2009	2010	2011	2012
江苏	105.0	115.4	110.6	114.5	114.9	112.7	112.4	112.7	111.0	110.1
浙江	103.9	119.8	111.0	112.8	114.7	110.1	108.9	111.9	109.0	108.0
安徽	102.9	114.4	108.3	111.0	114.2	112.7	112.9	114.6	113.5	112.1
福建	107.5	115.1	109.3	111.6	115.2	113.0	112.3	113.9	112.3	111.4
江西	104.5	106.8	108.0	112.8	113.2	113.2	113.1	114.0	112.5	111.0
山东	105.3	114.2	110.3	115.0	114.2	112.0	112.2	112.3	110.9	109.8
河南	104.5	114.8	109.5	114.2	114.6	112.1	110.9	112.5	111.9	110.1
湖北	105.0	114.6	108.6	112.1	114.6	113.4	113.5	114.8	113.8	111.3
湖南	104.0	110.4	109.0	112.2	115.0	113.9	113.7	114.6	112.8	111.3
广东	111.6	114.9	111.5	114.1	114.9	110.4	109.7	112.4	110.0	108.2
广西	107.0	111.4	107.9	113.1	115.1	112.8	113.9	114.2	112.3	111.3
海南	110.6	104.3	109.0	110.5	115.8	110.3	111.7	116.0	112.0	109.1
重庆	106.8	112.1	108.5	111.7	115.9	114.5	114.9	117.1	116.4	113.6
四川	107.0	110.8	108.5	112.6	114.5	111.0	114.5	115.1	115.0	112.6
贵州	104.3	107.5	108.4	112.7	114.8	111.3	111.4	112.8	115.0	113.6
云南	108.7	111.2	107.5	108.9	112.2	110.6	112.1	112.3	113.7	113.0
西藏	108.9	117.9	110.4	112.1	114.0	110.1	112.4	112.3	112.7	111.8
陕西	103.4	109.0	110.4	113.7	115.8	116.4	113.6	114.6	113.9	112.9
甘肃	105.6	109.9	109.7	111.8	112.3	110.1	110.3	111.8	112.5	112.6
青海	103.7	108.0	108.9	112.2	113.5	113.5	110.1	115.3	113.5	112.3
宁夏	103.7	109.0	110.2	110.9	112.7	112.6	111.9	113.5	112.1	111.5
新疆	111.7	109.0	108.7	110.9	112.2	111.0	108.1	110.6	112.0	112.0

数据来源：统计局；电力供需实验室数据库。

注　上年为100。

附表 3 全国及各省（区、市）人口 万人

年份	1990	1995	2000	2005	2007	2008	2009	2010	2011	2012
全国	114 333	121 121	126 743	130 756	132 129	132 802	133 450	134 091	134 735	135 404
北京	1086	1251	1364	1538	1633	1695	1755	1962	2019	2069
天津	866	895	1001	1043	1115	1176	1228	1299	1355	1413
河北	6159	6437	6674	6851	6943	6989	7034	7194	7241	7288
山西	2899	3077	3247	3355	3393	3411	3427	3574	3593	3611
内蒙古	2163	2284	2372	2403	2429	2444	2458	2472	2482	2490
辽宁	3946	4092	4184	4221	4298	4315	4341	4375	4383	4389
吉林	2440	2551	2682	2716	2730	2734	2740	2747	2749	2750
黑龙江	3543	3701	3807	3820	3824	3825	3826	3833	3834	3834
上海	1283	1301	1609	1890	2064	2141	2210	2303	2347	2380
江苏	6767	7066	7327	7588	7723	7762	7810	7869	7899	7920
浙江	4238	4389	4680	4991	5155	5212	5276	5447	5463	5477
安徽	5661	5923	6093	6120	6118	6135	6131	5957	5968	5988
福建	3037	3237	3410	3557	3612	3639	3666	3693	3720	3748
江西	3811	4063	4149	4311	4368	4400	4432	4462	4488	4504
山东	8424	8701	8998	9248	9367	9417	9470	9588	9637	9685
河南	8649	9100	9488	9380	9360	9429	9487	9405	9388	9406
湖北	5439	5772	5646	5710	5699	5711	5720	5728	5758	5779
湖南	6111	6392	6562	6326	6355	6380	6406	6570	6596	6639
广东	6246	6789	8650	9194	9660	9893	10 130	10 441	10 505	10 594
广西	4242	4543	4751	4660	4768	4816	4856	4610	4645	4682
海南	663	724	789	828	845	854	864	869	877	887
重庆	2921	3002	2849	2798	2816	2839	2859	2885	2919	2945
四川	7893	8161	8329	8212	8127	8138	8185	8045	8050	8076
贵州	3268	3508	3756	3730	3632	3596	3537	3479	3469	3484

续表

年份	1990	1995	2000	2005	2007	2008	2009	2010	2011	2012
云南	3731	3990	4241	4450	4514	4543	4571	4602	4631	4659
西藏	218	236	258	277	287	292	297	301	303	308
陕西	3316	3513	3644	3690	3708	3718	3727	3735	3743	3753
甘肃	2255	2438	2515	2545	2548	2551	2555	2560	2564	2578
青海	447	481	517	543	552	554	557	563	568	573
宁夏	466	512	554	596	610	618	625	633	639	647
新疆	1529	1661	1849	2010	2095	2131	2159	2185	2209	2233

数据来源：统计局；电力供需实验室数据库。

附表 4　　全国及各省（区、市）固定资产投资　　亿元

年份	1990	1995	2000	2005	2007	2008	2009	2010	2011	2012
全国	4517	20 019	32 918	88 774	137 324	172 828	224 599	278 122	311 485	374 676
北京	179	842	1297	2827	3907	3815	4617	5403	5579	6112
天津	88	393	609	1495	2353	3390	4738	6278	7068	7935
河北	177	939	1847	4140	6885	8867	12 270	15 083	16 389	19 661
山西	123	296	625	1827	2861	3531	4943	6063	7073	8863
内蒙古	71	273	430	2644	4373	5475	7337	8927	10 365	11 858
辽宁	263	885	1268	4200	7435	10019	12 292	16 043	17 726	21 836
吉林	94	342	587	1741	3651	5039	6412	7870	7442	9711
黑龙江	163	488	859	1737	2834	3656	5029	6813	7475	9695
上海	227	1602	1870	3510	4420	4823	5044	5109	4962	5118
江苏	353	1680	2995	8165	12 268	15 301	18 950	23 184	26 693	30 808
浙江	187	1358	2267	6520	8420	9323	10 742	12 376	14 185	17 554
安徽	123	533	867	2525	5088	6747	8991	11 543	12 456	15 384
福建	115	681	1082	2317	4288	5208	6231	8199	9911	12 423
江西	71	284	548	2177	3302	4745	6643	8772	9088	11 785

续表

年份	1990	1995	2000	2005	2007	2008	2009	2010	2011	2012
山东	336	1321	2543	9307	12538	15 436	19 035	23 281	26 750	31 256
河南	206	805	1476	4312	8010	10 491	13 705	16 586	17 769	21 762
湖北	144	827	1422	2677	4330	5647	7867	10 263	12 557	15 592
湖南	124	524	1066	2629	4155	5534	7703	9664	11 881	14 523
广东	381	2327	3234	6978	9294	10 869	12 933	15 624	17 069	18 749
广西	69	423	660	1661	2940	3756	5237	7058	7991	9809
海南	36	198	194	367	502	705	988	1317	1657	2126
重庆	69	271	656	1933	3128	3980	5214	6689	7473	8732
四川	163	677	1404	3585	5640	7128	11 372	13 117	14 222	17 037
贵州	52	174	403	998	1489	1864	2412	3105	4236	5518
云南	76	381	698	1778	2759	3436	4526	5529	6191	7831
西藏	8	37	67	181	270	310	378	463	516	671
陕西	104	324	746	1882	3415	4614	6247	7964	9431	12 045
甘肃	59	195	441	870	1304	1713	2363	3158	3966	5146
青海	22	56	155	330	483	583	798	1017	1436	1848
宁夏	22	70	161	443	600	829	1076	1444	1645	2097
新疆	89	333	610	1339	1851	2260	2827	3423	4632	6158

数据来源：统计局；电力供需实验室数据库。

附表 5　全国及各省（区、市）社会消费品零售总额　亿元

年份	1990	1995	2000	2005	2007	2008	2009	2010	2011	2012
全国	8300	23 614	39 106	67 177	87 709	114 853	132 694	156 998	183 919	210 307
北京	308	827	1443	2903	3800	4667	5324	6229	6900	7703
天津	140	376	737	1190	1604	2105	2448	2860	3395	3921
河北	308	852	1614	2953	3986	5014	5780	6822	8036	9254
山西	158	376	629	1401	1914	2445	2825	3318	3903	4507

续表

年份	1990	1995	2000	2005	2007	2008	2009	2010	2011	2012
内蒙古	131	295	484	1344	1904	2488	2871	3384	3992	4573
辽宁	421	1122	1848	2999	4030	5055	5828	6888	8095	9347
吉林	199	482	811	1461	1999	2574	2973	3505	4120	4773
黑龙江	310	683	1094	1760	2073	2951	3418	4039	4750	5491
上海	334	970	1722	2973	3848	4595	5186	6071	6815	7412
江苏	515	1650	2604	5700	7838	9929	11 484	13 607	15 988	18 331
浙江	354	1326	2299	4632	6214	7553	8637	10 245	12 028	13 588
安徽	227	587	1054	1765	2404	3069	3544	4198	4955	5737
福建	208	659	1373	2346	3188	3887	4497	5310	6276	7257
江西	152	411	705	1236	1683	2167	2500	2956	3485	4027
山东	460	1443	2546	6126	8439	10 683	12 379	14 620	17 156	19 652
河南	314	907	1787	3358	4598	5839	6762	8004	9454	10 916
湖北	326	932	1789	2965	4029	5134	5928	7014	8275	9563
湖南	295	837	1365	2459	3356	4246	4914	5840	6885	7922
广东	637	2176	4072	7883	10 598	13 008	14 892	17 458	20 298	22 677
广西	175	533	859	1397	1898	2420	2791	3312	3908	4517
海南	37	109	173	269	362	488	538	639	760	871
重庆	137	372	644	1216	1661	2173	2479	2939	3488	4034
四川	340	936	1524	2981	4016	4965	5759	6810	8045	9267
贵州	86	192	344	607	822	1100	1247	1483	1752	2028
云南	146	370	583	1034	1395	1789	2051	2542	3000	3512
西藏	13	24	43	73	113	130	157	185	219	255
陕西	160	370	608	1322	1801	2343	2700	3196	3790	4384
甘肃	96	230	363	633	833	1043	1183	1395	1648	1907
青海	29	58	82	161	208	282	316	351	411	476
宁夏	25	56	90	174	233	319	354	404	478	549
新疆	104	254	375	638	848	1063	1178	1375	1616	1857

数据来源：统计局；电力供需实验室数据库。

附表 6 全国及各省（区、市）出口总额 亿美元

年份	1990	1995	2000	2005	2007	2008	2009	2010	2011	2012
全国	620.9	1487.8	2492.0	7619.5	12 177.8	14 306.9	12 016.1	15 777.5	18 983.8	20 498.3
北京	11.2	22.7	46.3	308.7	489.3	575.0	483.8	554.7	590.3	596.5
天津	17.9	30.0	86.3	273.8	380.7	421.0	298.9	375.2	445.0	483.1
河北	3.7	10.6	15.3	109.2	170.0	240.0	156.9	225.7	285.8	296.0
山西	2.6	11.4	12.4	35.3	65.3	92.5	28.4	47.1	54.3	70.2
内蒙古	3.2	6.1	10.2	17.7	29.4	35.9	23.2	33.3	46.9	39.7
辽宁	56.1	82.6	108.5	234.4	353.2	420.7	334.1	431.2	510.4	579.5
吉林	7.9	11.0	12.4	24.7	38.6	47.7	31.2	44.8	50.0	59.8
黑龙江	10.9	21.0	14.5	60.7	122.6	168.1	100.8	162.8	176.7	144.4
上海	53.2	115.8	253.5	907.2	1438.5	1691.5	1418.0	1807.2	2096.9	2067.4
江苏	29.4	97.8	257.7	1229.7	2036.1	2380.3	1992.0	2705.5	3126.2	3285.4
浙江	21.9	77.0	194.4	768.0	1282.6	1543.0	1330.1	1804.8	2163.6	2245.7
安徽	6.5	13.9	21.7	51.9	88.1	113.6	88.9	124.2	170.8	267.5
福建	24.5	79.1	129.1	348.4	499.4	569.9	533.2	715.0	928.4	978.4
江西	5.8	10.1	12.0	24.4	54.4	77.3	73.7	134.2	218.8	251.1
山东	34.2	81.6	155.3	461.2	751.1	931.9	794.9	1042.5	1257.9	1287.3
河南	8.7	13.6	14.9	50.9	83.7	107.2	73.5	105.3	192.4	296.8
湖北	9.4	19.8	19.3	44.3	81.7	117.1	99.8	144.4	195.3	194.0
湖南	8.0	14.5	16.5	37.5	65.2	84.1	54.9	79.6	99.0	126.0
广东	222.2	565.9	919.2	2381.6	3693.2	4056.6	3589.5	4532.0	5319.4	5741.4
广西	7.3	22.5	14.9	28.8	51.1	73.5	83.8	96.0	124.6	154.7
海南	4.7	8.3	8.0	10.2	13.6	15.9	13.1	23.2	25.4	31.4
重庆	3.3	8.5	10.0	25.2	45.1	57.2	42.8	74.9	198.4	385.7
四川	7.2	14.2	13.9	47.0	86.1	131.3	141.7	188.5	290.5	384.6
贵州	1.5	4.3	4.2	8.6	14.7	19.0	13.6	19.2	29.9	49.5

续表

年份	1990	1995	2000	2005	2007	2008	2009	2010	2011	2012
云南	5.6	13.3	11.8	26.4	47.7	49.8	45.1	76.1	94.7	100.2
西藏	0.1	0.3	1.1	1.7	3.3	7.1	3.8	7.7	11.8	33.6
陕西	4.6	12.8	13.1	30.8	46.8	53.8	39.9	62.1	70.1	86.5
甘肃	1.9	2.2	4.1	10.9	16.6	16.0	7.4	16.4	21.6	35.7
青海	0.7	1.4	1.1	3.2	3.9	4.2	2.5	4.7	6.6	7.3
宁夏	0.8	2.4	3.3	6.9	10.9	12.6	7.4	11.7	16.0	16.4
新疆	3.4	7.7	12.0	50.4	115.0	193.0	109.3	129.7	168.3	193.5

数据来源：统计局；电力供需实验室数据库。

附表 7　　全国及各省（区、市）进口总额　　亿美元

年份	1990	1995	2000	2005	2007	2008	2009	2010	2011	2012
全国	533.5	1320.8	2250.9	6599.5	9559.5	11 325.6	10 059.2	13 962.4	17 434.8	18 178.3
北京	10.3	30.4	70.2	946.4	1440.7	2141.9	1663.5	2462.9	3305.6	3482.7
天津	4.2	35.5	85.3	259.0	333.8	383.0	339.4	446.2	588.9	673.1
河北	0.4	7.8	10.2	51.5	85.2	144.2	139.4	195.0	250.3	209.4
山西	0.9	2.6	5.3	20.2	50.5	51.4	57.3	78.7	93.2	80.3
内蒙古	1.6	5.1	10.1	31.0	47.9	53.3	44.6	54.0	72.4	72.9
辽宁	7.1	27.3	81.7	175.7	241.5	303.6	295.2	376.1	449.9	460.4
吉林	3.2	15.1	13.1	40.6	64.4	85.6	86.2	123.7	170.6	185.9
黑龙江	4.1	13.3	15.4	35.0	50.4	63.2	61.5	92.3	208.5	233.9
上海	21.1	74.5	293.6	956.2	1390.1	1529.1	1359.2	1882.4	2278.7	2298.0
江苏	12.0	65.0	198.7	1049.6	1458.6	1542.4	1395.4	1952.6	2269.9	2195.6
浙江	5.8	38.1	83.9	305.9	485.8	568.4	547.2	730.7	930.3	876.7
安徽	0.8	6.1	11.7	39.3	71.2	88.2	67.9	118.6	142.3	125.7
福建	18.9	65.4	83.2	195.7	245.1	278.3	263.3	372.9	506.8	580.9
江西	1.4	2.8	4.3	16.3	40.0	58.9	54.1	82.0	95.9	83.0

续表

年份	1990	1995	2000	2005	2007	2008	2009	2010	2011	2012
山东	8.7	57.9	94.6	306.1	473.6	652.1	595.6	849.3	1101.7	1168.1
河南	1.4	8.7	7.8	26.4	44.1	67.6	61.3	73.0	133.8	220.7
湖北	2.7	14.2	12.8	46.3	67.0	90.0	72.7	114.9	140.5	125.6
湖南	4.1	5.7	8.6	22.5	31.7	41.3	46.6	67.0	90.4	93.4
广东	196.8	473.8	781.9	1898.1	2648.7	2793.0	2521.4	3317.0	3815.4	4096.8
广西	1.7	9.7	5.4	23.0	41.5	58.9	58.8	81.4	109.0	140.1
海南	4.7	14.4	4.8	15.2	21.5	29.4	35.7	63.3	102.1	111.9
重庆	3.5	5.7	7.9	17.7	29.3	38.0	34.3	49.4	93.8	146.3
四川	1.2	6.4	11.5	32.0	57.7	89.8	100.0	138.5	187.0	206.6
贵州	0.6	2.5	2.4	5.4	8.0	14.7	9.5	12.3	19.0	16.8
云南	1.9	7.9	6.4	21.0	40.3	46.1	35.3	58.2	65.6	109.9
西藏	0.2	0.4	0.2	0.4	0.7	0.6	0.3	0.7	1.8	0.7
陕西	1.2	4.5	8.3	15.0	22.1	29.5	44.2	58.9	76.1	61.5
甘肃	0.2	0.9	1.5	15.4	38.7	44.9	31.3	57.7	65.7	53.3
青海	0.0	0.2	0.5	0.9	2.3	2.7	3.3	3.2	2.6	4.3
宁夏	0.1	0.4	1.2	2.8	5.0	6.2	4.6	7.9	6.9	5.8
新疆	0.7	6.6	10.6	29.0	22.1	29.2	30.1	41.6	59.9	58.2

数据来源：统计局；电力供需实验室数据库。

附表 8　　近年来中国利率历次调整一览　　%

公布时间		调整后存款基准利率	调整后贷款基准利率
2007 年	3 月 18 日	2.79	6.39
	5 月 19 日	3.06	6.57
	7 月 21 日	3.33	6.84
	8 月 22 日	3.60	7.02
	9 月 15 日	3.87	7.29
	12 月 21 日	4.14	7.47

续表

公布时间		调整后存款基准利率	调整后贷款基准利率
2008年	9月16日	4.14	7.20
	10月9日	3.87	6.93
	10月30日	3.60	6.66
	11月27日	2.52	5.58
	12月23日	2.25	5.31
2010年	10月20日	2.50	5.56
	12月26日	2.75	5.81
2011年	2月9日	3.00	6.06
	4月6日	3.25	6.31
	7月6日	3.50	6.56
2012年	6月8日	3.25	6.31
	7月5日	3.00	6.00

数据来源：东方财富网；中国人民银行网站。

附表9　近年来中国存款准备金率历次调整一览　%

公布时间		调整幅度	调整后存款准备金率
2007年	1月5日	0.5	9.5
	2月16日	0.5	10.0
	4月5日	0.5	10.5
	4月29日	0.5	11.0
	5月18日	0.5	11.5
	7月30日	0.5	12.0
	9月6日	0.5	12.5
	10月13日	0.5	13.0
	11月10日	0.5	13.5
	12月8日	1.0	14.5

续表

公布时间		调整幅度	调整后存款准备金率
2008 年	1 月 16 日	0.5	15.0
	3 月 18 日	0.5	15.5
	4 月 16 日	0.5	16.0
	5 月 12 日	0.5	16.5
	6 月 7 日	1.0	17.5
	10 月 8 日	−0.5	17.0
	11 月 26 日	−1.0	16.0
	12 月 22 日	−0.5	15.5
2010 年	1 月 12 日	0.5	16.0
	2 月 12 日	0.5	16.5
	5 月 2 日	0.5	17.0
	11 月 10 日	0.5	17.5
	11 月 19 日	0.5	18.0
	12 月 10 日	0.5	18.5
2011 年	1 月 14 日	0.5	19.0
	2 月 18 日	0.5	19.5
	3 月 19 日	0.5	20.0
	4 月 21 日	0.5	20.5
	5 月 12 日	0.5	21.0
	6 月 14 日	0.5	21.5
	11 月 30 日	−0.5	21.0
2012 年	2 月 18 日	−0.5	20.5
	5 月 12 日	−0.5	20.0

数据来源：东方财富网；中国人民银行网站。

附表 10　　全国主要行业用电量　　亿 kW·h

年份	全社会用电量	第一产业	第二产业	第三产业	城乡居民	工业	重工业	轻工业
1990	6126	308	4864	492	461	4819	3834	985
1991	6697	342	5261	511	532	5179	4135	1074
1992	7455	374	5810	637	634	5747	4565	1182
1993	8201	385	6369	717	729	6288	5018	1270
1994	9046	417	6919	835	875	6822	5452	1370
1995	9886	456	7507	919	1006	7397	5910	1487
1996	10 570	483	7946	1009	1133	7830	6266	1564
1997	11 039	514	8169	1102	1253	8055	6439	1616
1998	11 347	498	8263	1198	1388	8144	6537	1607
1999	12 092	525	8806	1291	1470	8685	6949	1736
2000	13 466	534	9786	1474	1672	9654	7642	2011
2001	14 683	569	10 646	1631	1835	10 502	8291	2211
2002	16 386	590	11 957	1837	2001	11 793	9244	2549
2003	18 894	596	13 949	2109	2230	13 759	10 816	2943
2004	21 815	603	16 275	2428	2453	16 053	12 702	3351
2005	24 848	755	18 736	2527	2830	18 502	14 793	3709
2006	28 368	832	21 474	2822	3240	21 206	17 104	4101
2007	32 565	863	24 909	3185	3608	24 596	20 130	4467
2008	34 380	879	25 920	3498	4082	25 578	21 006	4572
2009	36 595	940	27 136	3944	4575	26 754	22 119	4636
2010	41 999	976	31 450	4478	5094	30 967	25 699	5187
2011	47 026	1013	35 288	5105	5620	34 717	28 885	5831
2012	49 591	1013	36 669	5690	6219	33 061	29 978	6083

数据来源：历年《电力工业统计资料汇编》，中国电力企业联合会统计信息部；电力供需实验室数据库。

附表 11 全国及各省（区、市）全社会用电量 亿 kW·h

年份	1990	1995	2000	2005	2007	2008	2009	2010	2011	2012
全国	6126	9886	13 466	24 848	32 565	34 380	36 595	41 999	47 026	49 591
北京	174	260	384	571	667	690	739	810	822	874
天津	122	176	234	385	495	516	550	646	695	722
河北	352	565	809	1502	2014	2095	2344	2692	2985	3078
山西	255	398	502	946	1349	1314	1268	1460	1650	1766
内蒙古	121	180	254	668	1149	1221	1288	1537	1864	2017
辽宁	462	625	749	1111	1360	1412	1488	1715	1862	1900
吉林	190	265	291	378	463	496	515	577	630	637
黑龙江	296	382	442	556	629	670	689	748	802	828
上海	265	403	559	922	1072	1138	1153	1296	1340	1353
江苏	407	699	971	2193	2952	3118	3314	3864	4282	4581
浙江	228	434	738	1642	2189	2323	2471	2821	3117	3211
安徽	184	289	339	582	769	859	952	1078	1221	1361
福建	124	259	402	757	1000	1074	1135	1315	1516	1579
江西	123	186	208	392	511	547	609	701	835	868
山东	449	741	1001	1912	2596	2727	2941	3298	3635	3795
河南	338	566	719	1353	1808	1971	2081	2354	2659	2748
湖北	281	406	503	789	989	1059	1135	1330	1451	1508
湖南	221	343	406	674	879	917	1011	1172	1293	1345
广东	341	788	1335	2674	3393	3507	3610	4060	4399	4619
广西	120	221	314	510	675	761	856	993	1112	1153
海南	8	27	38	82	112	123	134	159	185	208
重庆			164	348	449	488	534	626	717	723
四川	340	552	521	943	1177	1213	1325	1549	1751	1831
贵州	97	191	288	501	675	679	750	835	944	1047

续表

年份	1990	1995	2000	2005	2007	2008	2009	2010	2011	2012
云南	115	182	274	557	735	829	891	1004	1204	1316
西藏	1.5	—	3.3	10	14.7	15.9	18	20	24	28
陕西	169	237	293	516	571	708	740	859	982	1067
甘肃	177	241	295	489	615	678	706	804	923	995
青海	42	69	109	207	285	313	337	465	561	602
宁夏	55	92	136	303	440	440	463	547	725	742
新疆	69	110	183	310	322	479	548	662	839	1091

数据来源：历年《电力工业统计资料汇编》，中国电力企业联合会统计信息部；电力供需实验室数据库。

附表 12　　全国发电电力装机容量　　万 kW

年份	总装机	水电	火电	核电	风电
1990	13 789	3605	10 184		
1991	15 147	3788	11 359		
1992	16 653	4068	12 585		
1993	18 291	4459	13 832		
1994	19 990	4906	14 874		
1995	21 722	5218	16 294		
1996	23 654	5558	17 886		
1997	25 424	5973	19 241		
1998	27 729	6507	20 988		
1999	29 877	7297	22 343		
2000	31 932	7935	23 754	210	
2001	33 849	8301	25 314	210	
2002	35 657	8607	26 555	447	
2003	39 141	9490	28 977	619	

续表

年份	总装机	水电	火电	核电	风电
2004	44 239	10 524	32 948	684	
2005	51 718	11 739	39 138	685	106
2006	62 370	13 029	48 382	685	207
2007	71 822	14 823	55 607	885	420
2008	79 273	17 260	60 286	885	839
2009	87 410	19 629	65 108	908	1760
2010	96 641	21 606	70 967	1082	2958
2011	106 253	23 298	76 834	1257	4623
2012	114 491	24 890	81 917	1257	6083

数据来源：历年《电力工业统计资料汇编》，中国电力企业联合会统计信息部；电力供需实验室数据库。

附表 13　　全国及各省（区、市）发电装机容量　　万 kW

年份	1990	1995	2000	2005	2007	2008	2009	2010	2011	2012
全国	13 789	21 722	31 932	51 718	71 822	79 273	87 410	96 641	106 253	114 491
北京	243	300	445	491	495	586	592	631	630	732
天津	202	339	504	618	693	751	1004	1094	1097	1134
河北	667	1104	1583	2317	3021	3207	3723	4215	4431	4868
山西	589	916	1275	2307	3176	3632	4082	4429	4987	5454
内蒙古	389	589	896	1995	4205	4881	5407	6460	7344	7770
辽宁	856	1088	1523	1754	2150	2219	2538	3228	3401	3844
吉林	478	700	846	1017	1198	1300	1601	2035	2306	2397
黑龙江	613	786	1088	1247	1518	1813	1915	1965	2088	2168
上海	580	806	1060	1337	1442	1682	1669	1858	1950	2142
江苏	988	1500	1925	4271	5599	5442	5689	6470	6888	7638

续表

年份	1990	1995	2000	2005	2007	2008	2009	2010	2011	2012
浙江	612	1013	1808	3774	5112	5360	5642	5721	6060	6170
安徽	406	593	872	1225	1905	2638	2868	2933	3175	3532
福建	388	647	1044	1762	2399	2627	3004	3473	3649	3874
江西	296	451	632	893	1284	1296	1545	1706	1801	1933
山东	863	1281	2001	3743	5540	5736	6000	6248	6844	7315
河南	617	1007	1532	2881	4115	4572	4695	5057	5224	5765
湖北	706	1000	1511	2742	3713	4327	4621	4906	5262	5787
湖南	544	776	1034	1506	2254	2499	2717	2912	3093	3297
广东	828	2272	3190	4808	5932	5546	6508	7113	7631	7796
广西	343	558	742	1102	1940	2289	2530	2533	2690	3007
海南	81	152	179	211	282	279	389	392	425	502
重庆			432	568	861	1073	1132	1167	1298	1336
四川	749	1215	1710	2246	2960	3285	3969	4327	4765	5427
贵州	281	427	606	1687	2410	2562	3019	3409	3736	4010
云南	338	530	741	1275	2210	2408	3195	3605	4059	4835
西藏	15	18	36	48	42	54	54	78	97	102
陕西	286	499	738	1166	1219	1960	2181	2358	2460	2494
甘肃	382	455	655	986	1260	1496	1762	2075	2727	2916
青海	166	187	395	571	774	791	1068	1262	1443	1470
宁夏	93	169	231	518	751	836	981	1374	1844	2000
新疆	190	301	446	654	903	1090	1309	1607	2172	2778

数据来源：历年《电力工业统计资料汇编》，中国电力企业联合会统计信息部；电力供需实验室数据库。

附表 14 全国发电设备利用小时数 h

年份	平均	水电	火电	核电
1990	5036	3800	5413	
1991	5030	3675	5451	
1992	5029	3567	5462	
1993	5068	3730	5455	
1994	5233	3877	5574	
1995	5121	3857	5454	
1996	5033	3570	5418	
1997	4765	3387	5114	
1998	4501	3319	4811	
1999	4393	3198	4719	
2000	4517	3258	4848	
2001	4588	3129	4900	
2002	4860	3289	5272	
2003	5245	3239	5767	
2004	5455	3462	5991	7605
2005	5425	3664	5865	7755
2006	5221	3434	5633	7774
2007	5011	3532	5316	7737
2008	4648	3589	4885	7679
2009	4546	3328	4865	7716
2010	4650	3404	5031	7840
2011	4730	3019	5305	7759
2012	4572	3555	4965	7838

数据来源：历年《电力工业统计资料汇编》，中国电力企业联合会统计信息部；电力供需实验室数据库。

附表15　全国及各省（区、市）发电设备利用小时数

h

年份	1990	1995	2000	2005	2007	2008	2009	2010	2011	2012
全国	5036	5121	4517	5425	5011	4648	4546	4650	4730	4572
北京	5193	4522	4121	4460	4429	4232	4123	4261	4160	3965
天津	4682	3884	4266	6040	5802	5243	5070	5237	5525	5265
河北	6205	5803	5625	6244	5690	5123	4985	5091	5150	5014
山西	5788	5677	5122	6292	6036	5241	4890	5060	5070	4790
内蒙古	4873	5557	4901	5843	5312	4586	4320	4157	4448	4387
辽宁	5411	5058	4517	5319	5631	5257	5010	4639	4411	4117
吉林	3670	4283	3607	4543	4447	4286	3850	3776	3376	3109
黑龙江	5024	5172	4004	5011	4926	4518	3963	4086	4059	3963
上海	5033	5304	5402	5978	5020	4845	4500	4735	4927	4486
江苏	5505	5988	5169	6109	5234	4929	5380	5573	5650	5583
浙江	4404	5042	4542	5541	5022	4645	4565	4894	5205	5004
安徽	5072	5635	4328	5916	5110	5178	4718	5085	5478	5299
福建	3837	4967	3998	4932	4539	4490	4278	4224	4587	4713
江西	4547	4486	3510	4644	4095	4044	3941	4129	4408	4319
山东	5935	6280	5412	5475	4809	4834	4903	5041	4782	4749
河南	5614	6168	4689	5394	4998	4605	4535	4856	5146	4724
湖北	5104	4634	3815	5038	4680	4353	4074	4289	4140	4120
湖南	4153	4953	3910	4620	4174	3666	3779	4036	4127	3814
广东	5027	3989	4394	5421	4961	4826	4687	4869	5378	4908
广西	4090	4416	4381	4604	4404	4002	3590	4064	4145	4063
海南	1878	2450	2322	4079	3903	4317	3914	4253	4540	4315
重庆			4371	5027	4355	4192	3869	4222	4862	4160
四川	4930	4892	3278	4914	4060	3854	4125	4337	4257	4234
贵州	4318	5530	5171	5251	5055	4627	4809	4032	3698	4189

续表

年份	1990	1995	2000	2005	2007	2008	2009	2010	2011	2012
云南	4147	4437	4348	5239	4697	4261	4461	4116	3992	3870
西藏	2289	2296	2182	3056	4788	2921	2921	3917	3015	2731
陕西	6198	5402	4116	5280	5290	4840	4076	4583	4932	4978
甘肃	4997	5431	4554	4364	5531	4733	4294	4410	4307	3891
青海	4283	3489	3608	7090	4181	4117	4163	4501	3790	4151
宁夏	6034	6501	5786	5155	6424	5793	5190	5919	6065	5288
新疆	4013	4553	4745	4769	5290	5079	4701	4910	4870	4764

数据来源：历年《电力工业统计资料汇编》，中国电力企业联合会统计信息部；电力供需实验室数据库。

参考文献

[1] 国家统计局. 中国统计年鉴. 2000—2012. 北京：中国统计出版社，2000—2012.

[2] 国家统计局. 中国能源统计年鉴. 2005—2012. 北京：中国统计出版社，2006—2013.

[3] 中国电力企业联合会. 电力工业统计资料汇编. 2005—2011.

[4] 国家电网公司. 统计资料汇编. 2005—2011.

[5] 国家统计局. 2013年中国统计摘要. 北京：中国统计出版社，2013.

[6] 联合国. 2013年世界经济展望. 2012-12-18. http://www.un.org.

[7] 世界银行. 全球经济展望2013. 2013-6-13. http://web.worldbank.org.

[8] 国际国币基金组织. 世界经济展望. 2013-1-24. http://www.imf.org.

[9] 胡兆光，单葆国，等. 中国电力需求展望——基于电力供需研究实验室模拟实验（2010）. 北京：中国电力出版社，2010.

[10] 谭显东，胡兆光，等. 中国出口贸易中的载电量研究. 中国电力，2012，45（8）：88-92.

[11] 徐敏杰，单葆国，等. 国际金融危机对我国经济及电力需求的影响分析. 中国电力，2009，42（9）：11-15.

[12] 陈佳贵，李杨，等. 2012年中国经济形势分析与预测. 北京：社会科学文献出版社，2011.